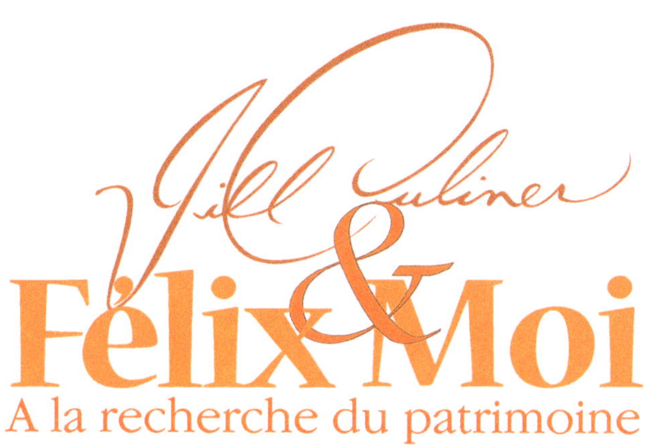

# Jill Suliner

# Félix & Moi

## A la recherche du patrimoine

# Félix & Moi

par *Jill Culiner*

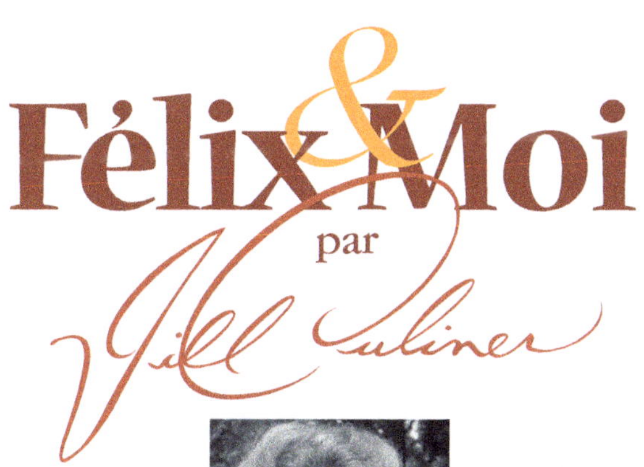

Félix Desille est né à Laval en 1862. Ce fils d'un tenancier de café-billard était un homme discret. Comptable de profession, il était aussi passionné par le dessin et le bâti ancien. Pendant toute sa vie, il a voyagé dans son propre pays, la Mayenne, s'arrêtant dans les villages pittoresques à la recherche d'églises, auberges ou maisons remarquables. Et il les dessinait, les peignait à l'aquarelle, captant leur beauté, leur originalité, en soulignant la fragilité de ce patrimoine irremplaçable si dépendant de respect et de compréhension.

Desille est mort en 1952 et, curieuse de savoir ce que sont devenus ces bâtiments dessinés par lui, je me suis mise à leur recherche… non sans appréhension. Et je constate que si les églises et les manoirs sont en général préservés, ce n'est hélas pas le cas du petit patrimoine.

Cette architecture vernaculaire a été largement détruite ou modifiée par des propriétaires peu avertis, voire irresponsables, qui ont accepté l'utilisation de produits modernes prônés par des entrepreneurs indifférents, de bons vendeurs des centres bricolages et d'entreprises commerciales. Et encouragé par la maison des voisins retapée, le savoir-faire d'un beau-frère bricoleur, une belle-sœur fana de déco, l'esthétique du lotissement, des revues colorées qui présentent la tendance du moment, on continue de sacrifier le patrimoine.

Autres responsables de cette dégradation, les organismes qui accordent des subventions, qui exigent des rénovations aux normes thermiques sans vouloir comprendre que le bâti ancien vit avec son environnement (eau, air, climat) grâce à un équilibre subtil et fragile ; que, bien traité, bien conservé, il présente d'assez bonnes performances thermiques ; et que les matériaux inadaptés risquent de dégrader ou détruire sa pérennité.

Si on est toujours fier de notre patrimoine parce qu'il représente l'histoire, l'originalité et un caractère régional, les propriétaires d'aujourd'hui veulent quand même montrer qu'ils ont les moyens de moderniser, qu'ils sont bien plus « évolués » que leurs parents, et qu'ils se conforment à la nouvelle obsession de la propreté, et à l'esthétique dernier cri. Et voilà le résultat : des villages tristes et fades avec des maisons anciennes banalisées par les couches de ciment jaune ou rose, les portes « design » et les grandes baies en PVC, le tout entouré par une végétation bien domptée, bien domestiquée.

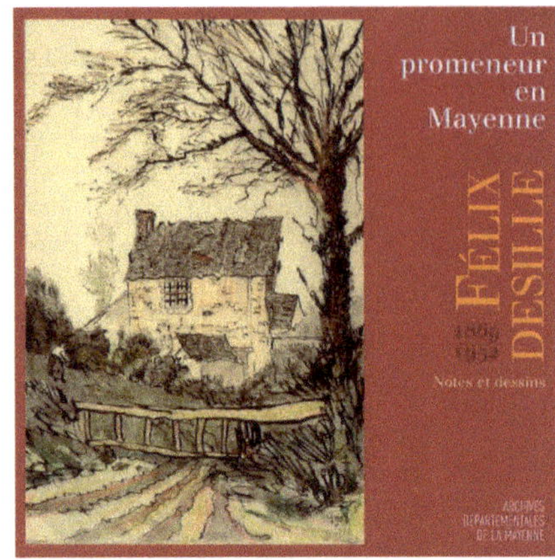


*"Un promeneur en Mayenne"*
Notes et dessins de Félix Desille.

Ce catalogue édité par les Archives
départementales de la Mayenne en Juin 2008
servira de base aux recherches de Jill Culiner.

*Les maisons et immeubles anciens, bien typés, bien bâtis, font partie
de notre héritage commun. Le maintenir en vie en les respectant est
un devoir. Tout intervention inappropriée ou brutale est une perte de
leur valeur patrimoniale qui les fragilise et les banalise.*

Maisons Paysannes de France

# SOMMAIRE



## LIEUX À PRÉSERVER-
# Les derniers survivants

Carte de la Mayenne permettant
la localisation des sites
remarqués par Félix Desille
et revisités par Jill Culiner

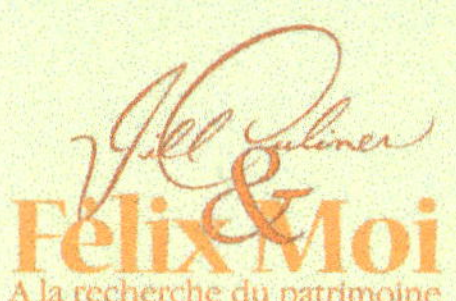

# Félix & Moi
### À la recherche du patrimoine

## Les sites remarqués
## par Felix Désille en Mayenne
## et revisités par Jill Culiner

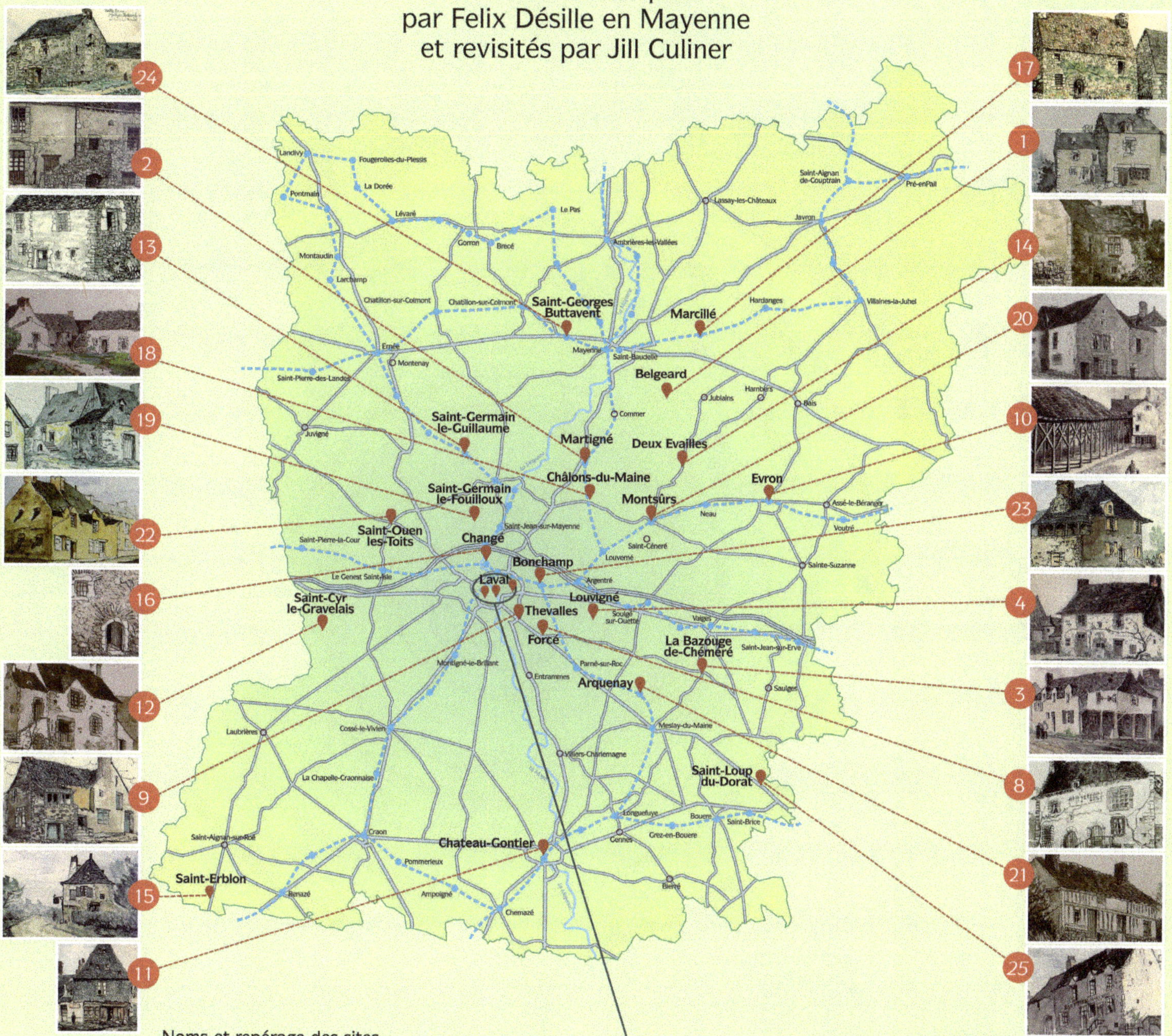

## Noms et repérage des sites

1. Belgeard, *Sortie du bourg*
2. Martigné, *Hôtel de la Poste*
3. Bazouge-de-Chéméré, *Auberge*
4. Louvigné, *Logis Messent*
5. Laval, *Maison de la Fleurière*
6. Laval, *La halle aux toiles*
7. Laval, *Rue Saint-Jean*
8. Forcé, *Le logis du chat*
9. Thévalles, *Maison*
10. Evron, *Les halles*
11. Château-Gontier, *Rue Rigot*
12. Saint-Cyr-le-Gravelais, *Manoir ferme*
13. Saint-Germain-Le-Guillaume, *Maison*
14. Deux-evailles, *La ferme du bourg*
15. Saint-Erblon, *Le cabaret Jugé*
16. Changé, *Le petit manoir*
17. Marcillé, *Le bourg*
18. Châlon du Maine, *Maison des tisserands*
19. Saint-Germain-le-Fouilloux, *Vieilles maisons*
20. Montsurs, *Maison Logis*
21. Arquenay, *Maison*
22. Saint-Ouen-les-toits, *Maison*
23. Bonchamp, *Une maison*
24. Saint-Georges Buttavent, *Vieille ferme*
25. Saint-Loup-du-Dorat, *Auberge*

- Cours d'eau
- Voies routières actuelles
- Tracé des voies ferrées au début du XXe siècle

## La ville de Laval *(détail)*

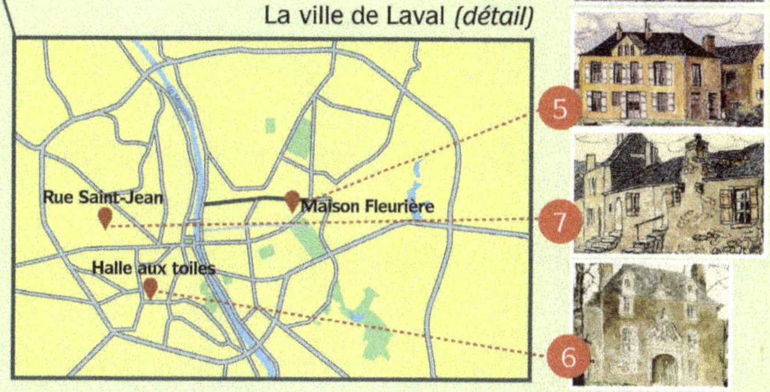

# Belgeard
### *Sortie du bourg vers Mayenne*

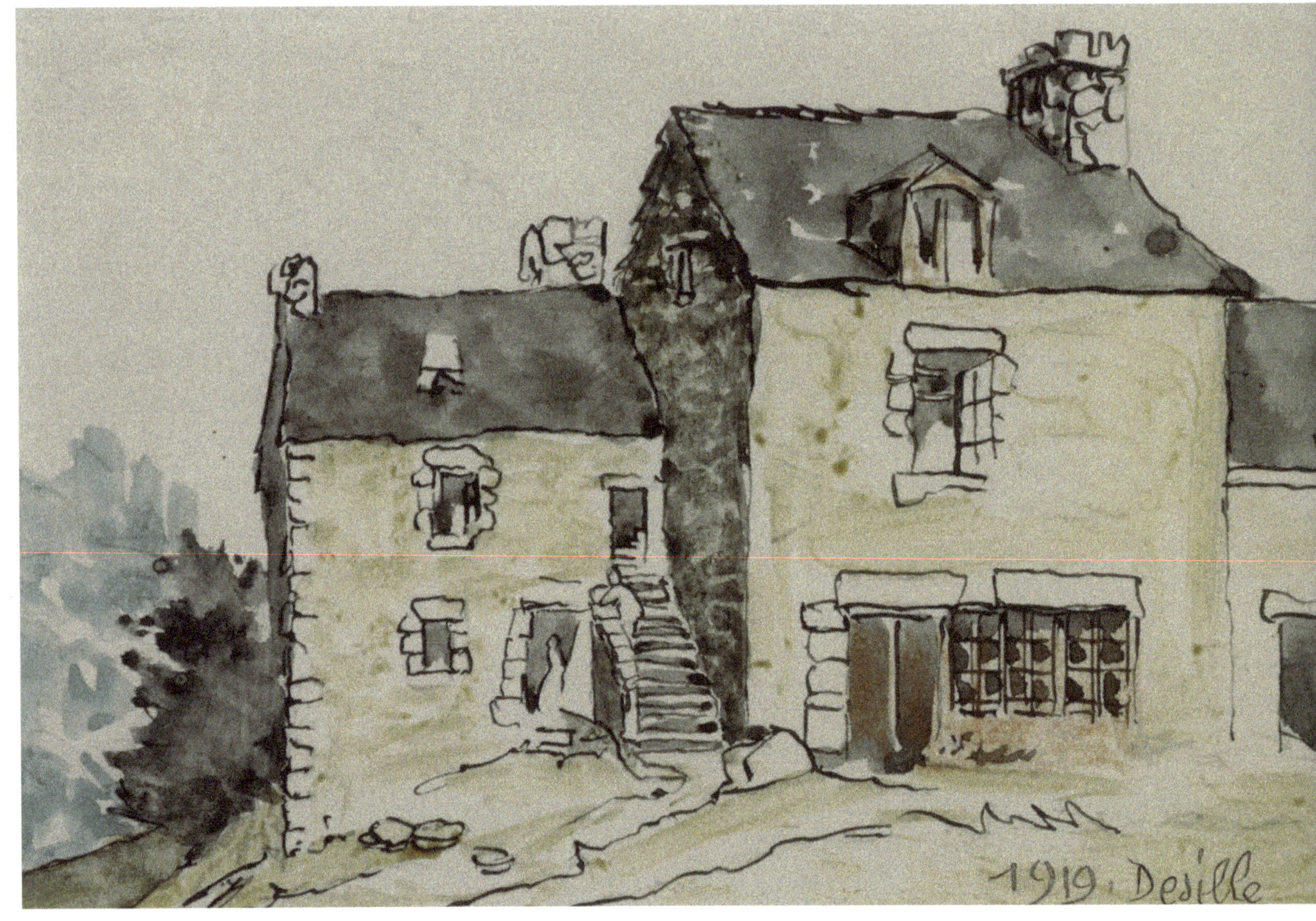



*Cette commune tire son origine d'un prieuré qui fut,
parait-il, fondé à une époque inconnue et dont la primitive
chapelle, augmentée au XVᵉ siècle, devint par la suite
des temps l'église paroissiale ; en tout cas, en 1919, cette
pauvre église en réparation a son clocher percé et dans un
délabrement pitoyable.*
*Au sortir du bourg, vers Mayenne, je prends les maisons
ci-dessus. On y remarque un escalier de pierre qui monte
jusqu'au premier étage, le rez-de-chaussée de la même
maison étant desservi par la porte à cause de la déclivité
du terrain. Cette disposition d'autrefois est assez curieuse
et montre la façon ingénieuse dont on tirait parti des
inégalités du sol au XVᵉ ou au XVIᵉ siècle.*

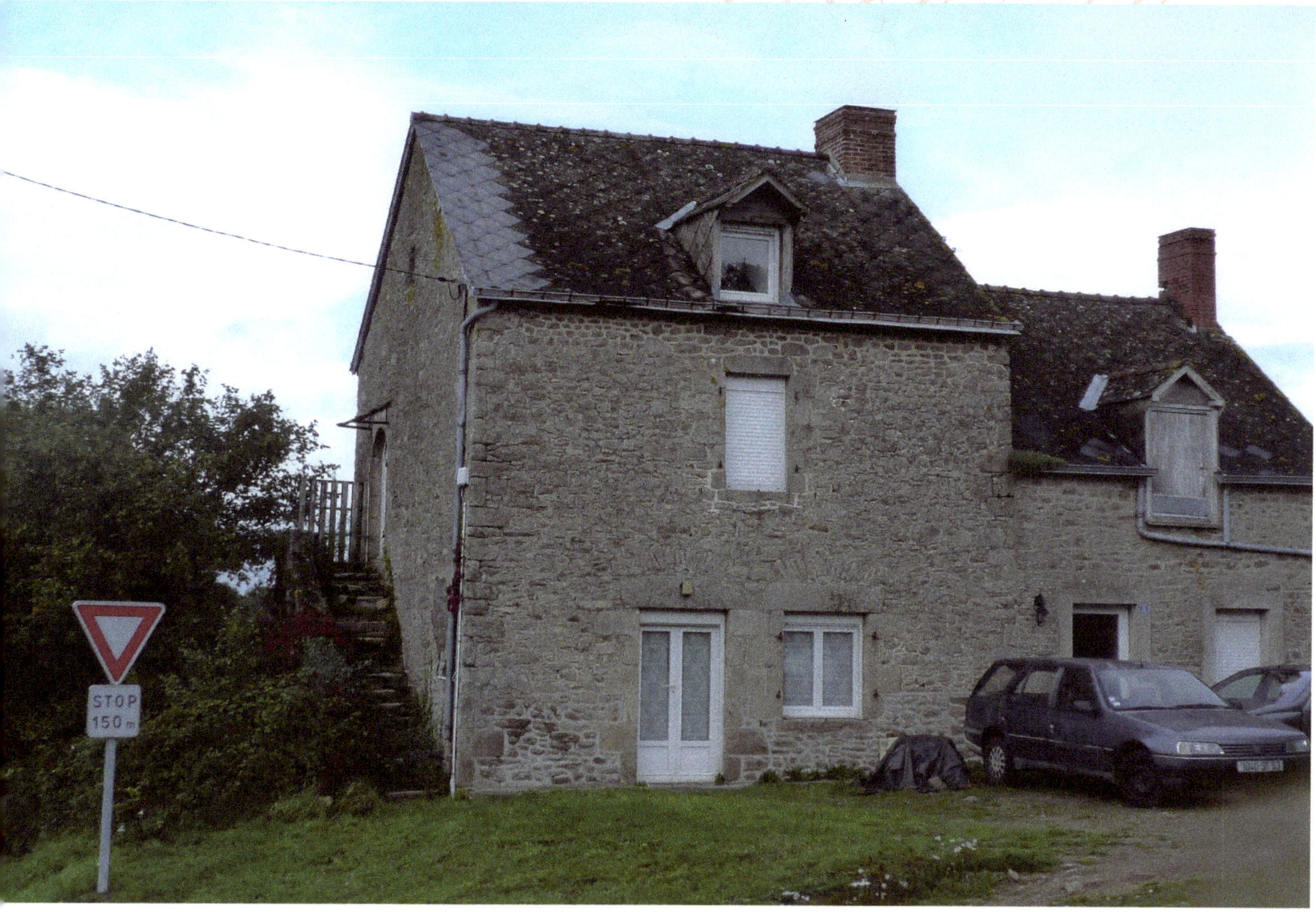

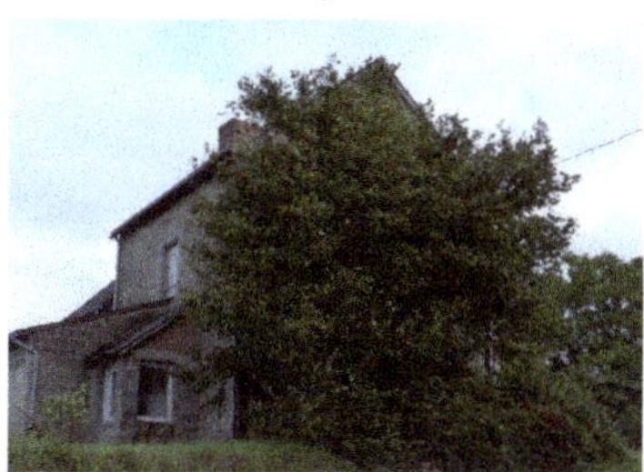

Un après-midi calme à Belgeard. personne dans les rues, mais le bruit agaçant d'un taille-haie montre que, quelque part, il y a (peut-être) de la vie. Pas la peine de chercher les traces de l'ancien prieuré ou de l'église romane du XIIe siècle dont Desille a parlé ; si l'église était en état de délabrement quand il l'a vue, aujourd'hui elle n'existe plus. Le 23 avril 2003, elle a été démolie par une pelleteuse - une destruction légale car elle était aux mains d'un propriétaire privé. La maison que l'on cherche à la sortie du bourg ne doit pas être difficile à trouver, néanmoins nous ne l'avons pas reconnue tout de suite avec son avant-cour encombrée de voitures abandonnées et divers détritus, ses ouvertures modernisées par des volets roulants et des fenêtres en PVC. Il y a toujours une petite pente qui sépare cette ancienne habitation de la route, et voici son escalier en pierre. Mais la moitié de la maison a été démolie, sa particularité a donc disparu - cette façon ingénieuse de s'adapter au terrain d'il y a cinq cents ans.

# Martigné-sur-Mayenne
## *Hôtel de la Poste*

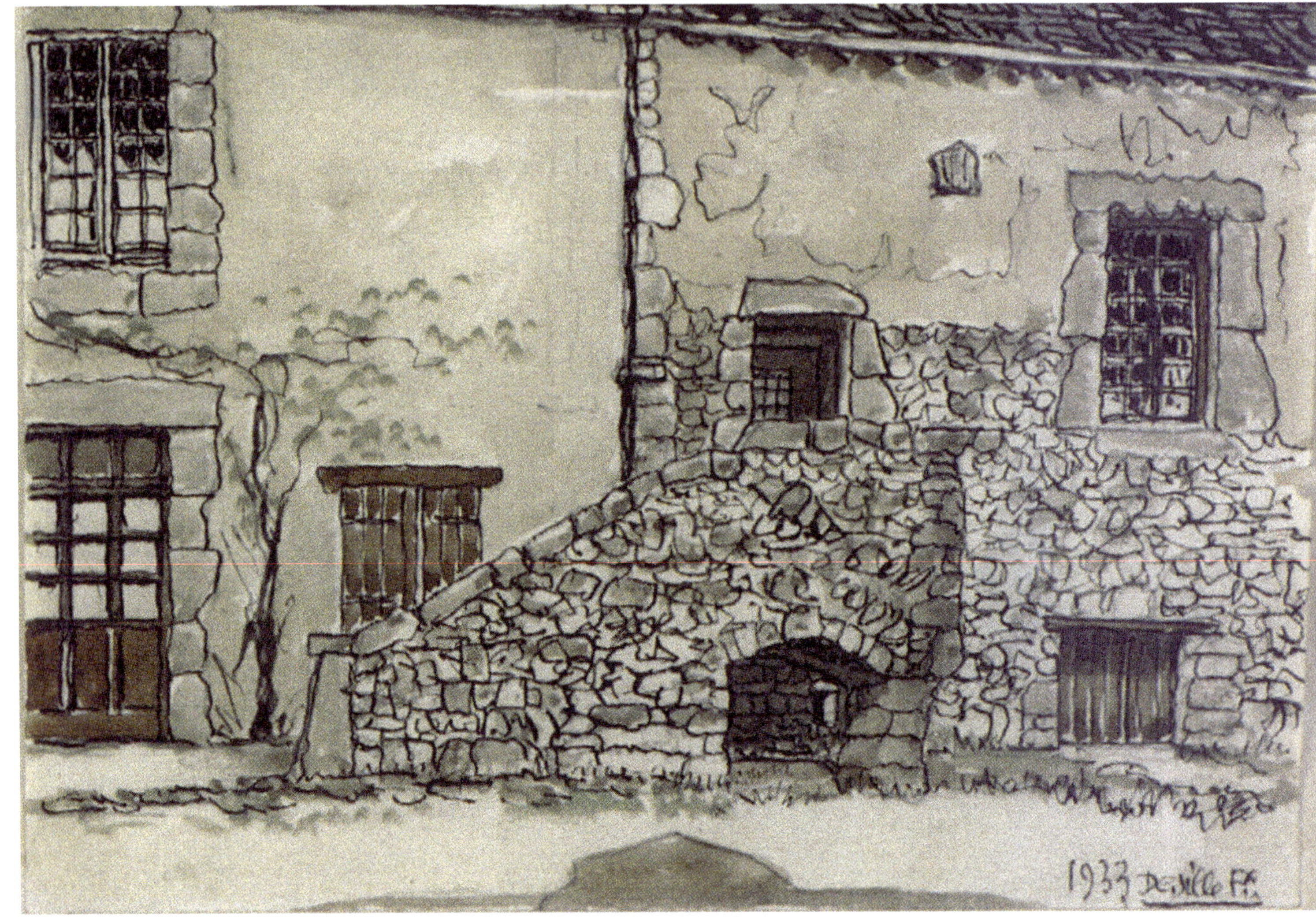

*Ancien hôtel de la Poste et de la Diligence. 1933. Cet hôtel est d'une  très haute antiquité et les diligences s'y arrêtaient autrefois pour le relais de Laval ; dans la cour on remarque un perron d'escalier très pittoresque en arcature surbaissée et qui remonte probablement au XIVᵉ siècle; c'est le type de l'auberge de campagne, bonne aubaine du voyageur, cahoté, harassé, ou du piéton, bâton à la main, cherchant un gîte pour la nuit.*

*En 1933 quelques automobilistes touristes s'y arrêtent. Toute cette rue de Martigné est d'ailleurs bâtie d'immeubles séculaires ; à côté, l'hôtel de la Tête-Noire, moderne en façade, remonte aussi au XVIᵉ ou XVIIᵉ siècle.*

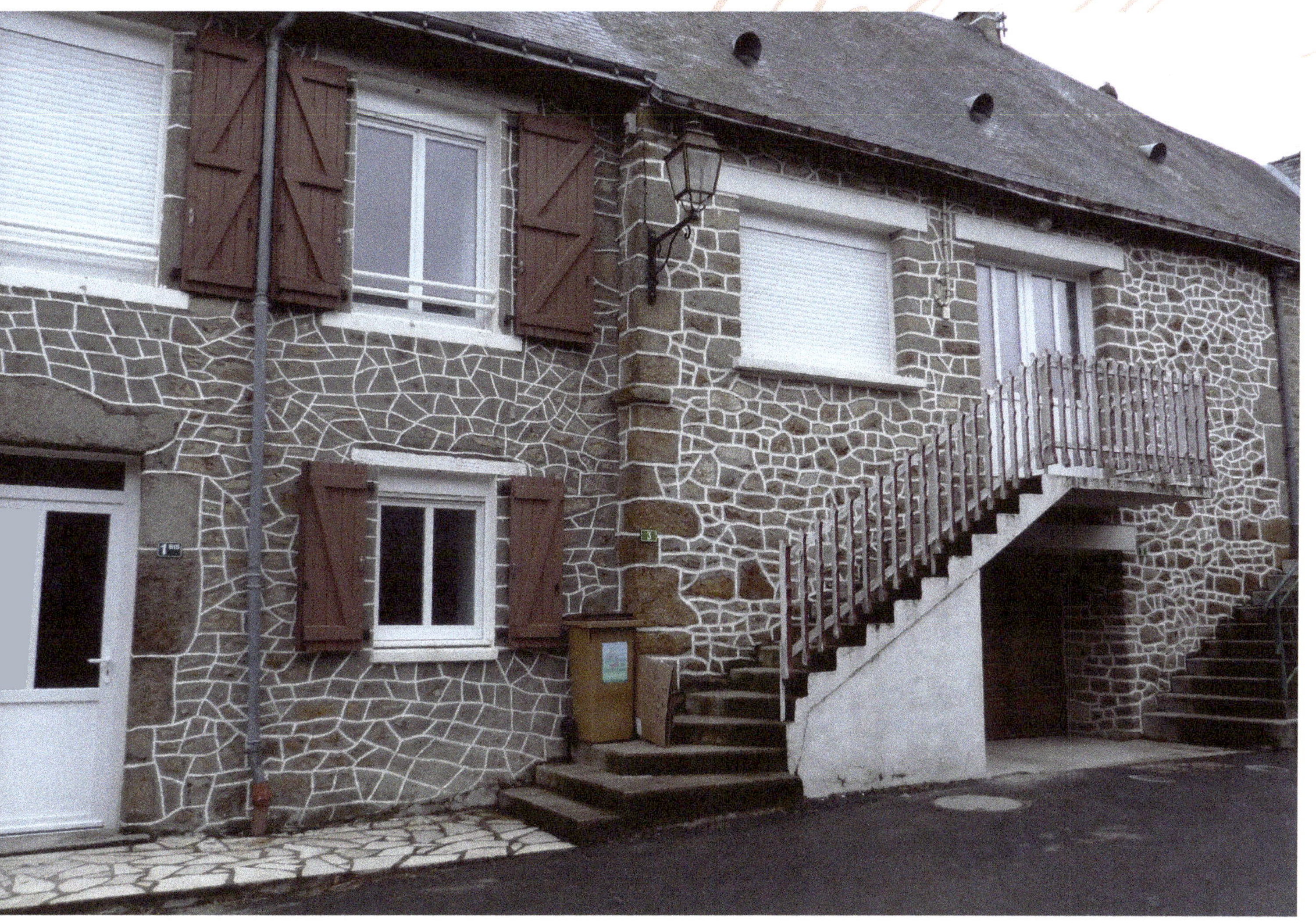

L'ancien Hôtel de la Poste et de la Diligence ? Non, personne n'a gardé la mémoire de ce bâtiment qui a dû être, autrefois, le centre de la vie de ce village. Ici on y recevait les dernières nouvelles, voyait de nouveaux arrivants, faisait de tristes adieux.

On trouve l'Hôtel de la Tête Noire, déjà modernisé quand Desille l'a vu, aujourd'hui si rénové qu'on ne trouve plus aucune trace de ses origines du XVI$^e$ ou XVII$^e$ siècle. Mais, de l'Hôtel de la Poste et de la Diligence, point de trace.

On entre dans un café, pose des questions. Et le patron aimable, serviable, téléphone à un historien local ; et voilà, on est renseigné. Est-ce possible que ce pavillon moderne aux dessins en ciment à la mode d'il y a quelques décennies, soit vraiment cet ancien hôtel - un bâtiment censé être de haute antiquité ? Où est son perron d'escalier du XIV$^e$ siècle ? Et son arcature surbaissée ? Tout a été remplacé par du béton et des parpaings. Et ses ouvertures sont devenues de larges baies entourées de plastique, avec volets roulants ou volets en Z. Pas étonnant que son existence ait été occultée de la mémoire locale.

# La Bazouge-de-Chemeré
## *Auberge*

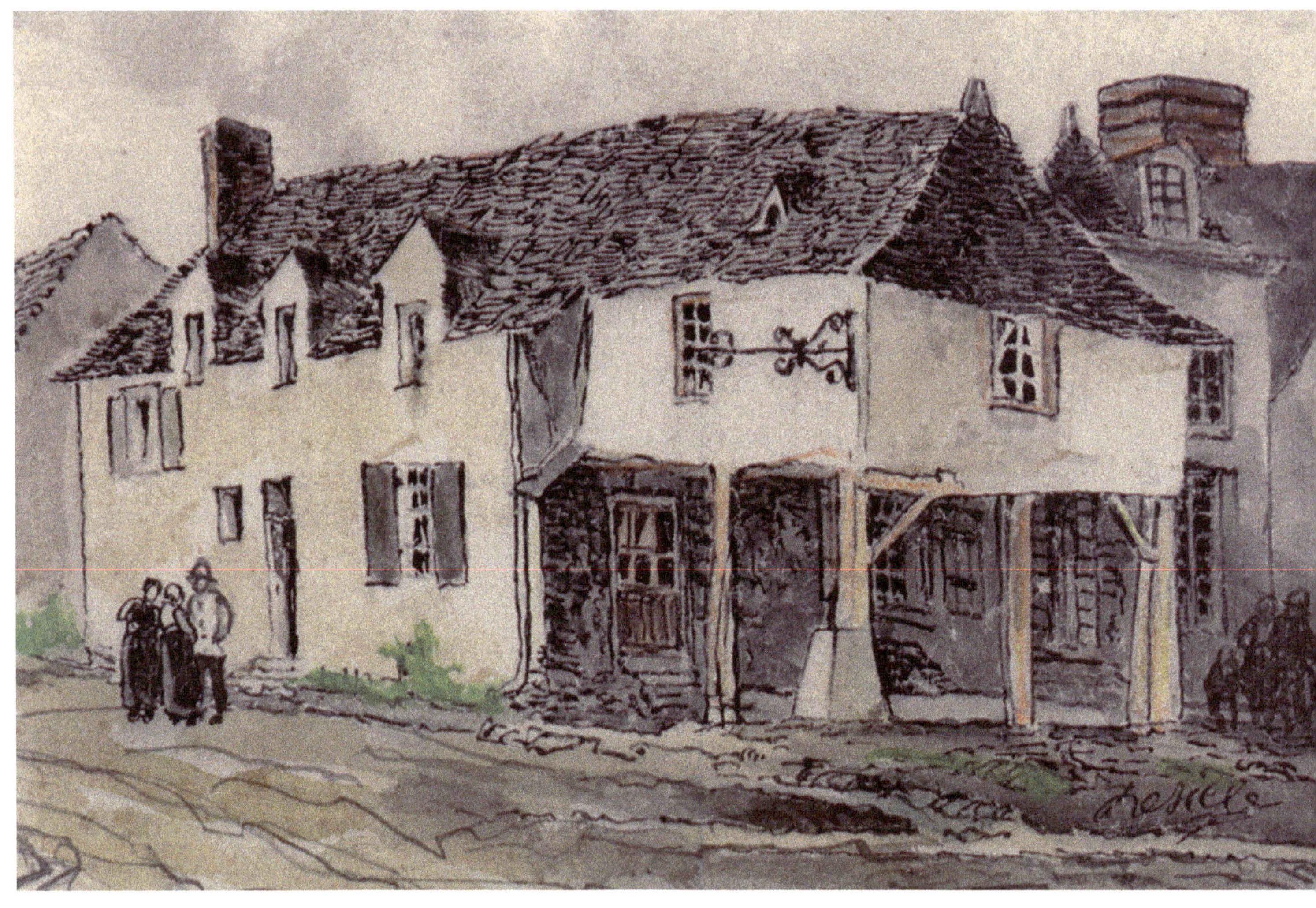

*1944. Le bourg a conservé un certain nombre de maisons très intéressantes par leur ancienneté.*

*Le porche (ainsi nommé par  les habitants), curieuse maison du XVᵉ-XVIᵉ siècle, composée d'un seul, étage reposant sur piliers de bois sauf un qui se trouve sur un socle de pierre.*

*A l'angle existe encore le bras de fer ouvragé de l'enseigne, comme en avaient jadis les auberges et rôtisseries. Aujourd'hui, une auberge y reçoit encore les gens du bourg et rien n'y est changé : on s'y croirait au temps de Le Clerc du Flécheray, au temps du vieux comté. Ce porche est très rare dans nos communes et la municipalité de la Bazouge-de-Chemeré doit jalouseusement veiller à sa conservation. L'ensemble doit être restauré, surtout les piliers et contreforts de la façade qui s'effritent sous le poids des années. Cet hôtel est habité par sieur Daumard (1914).*

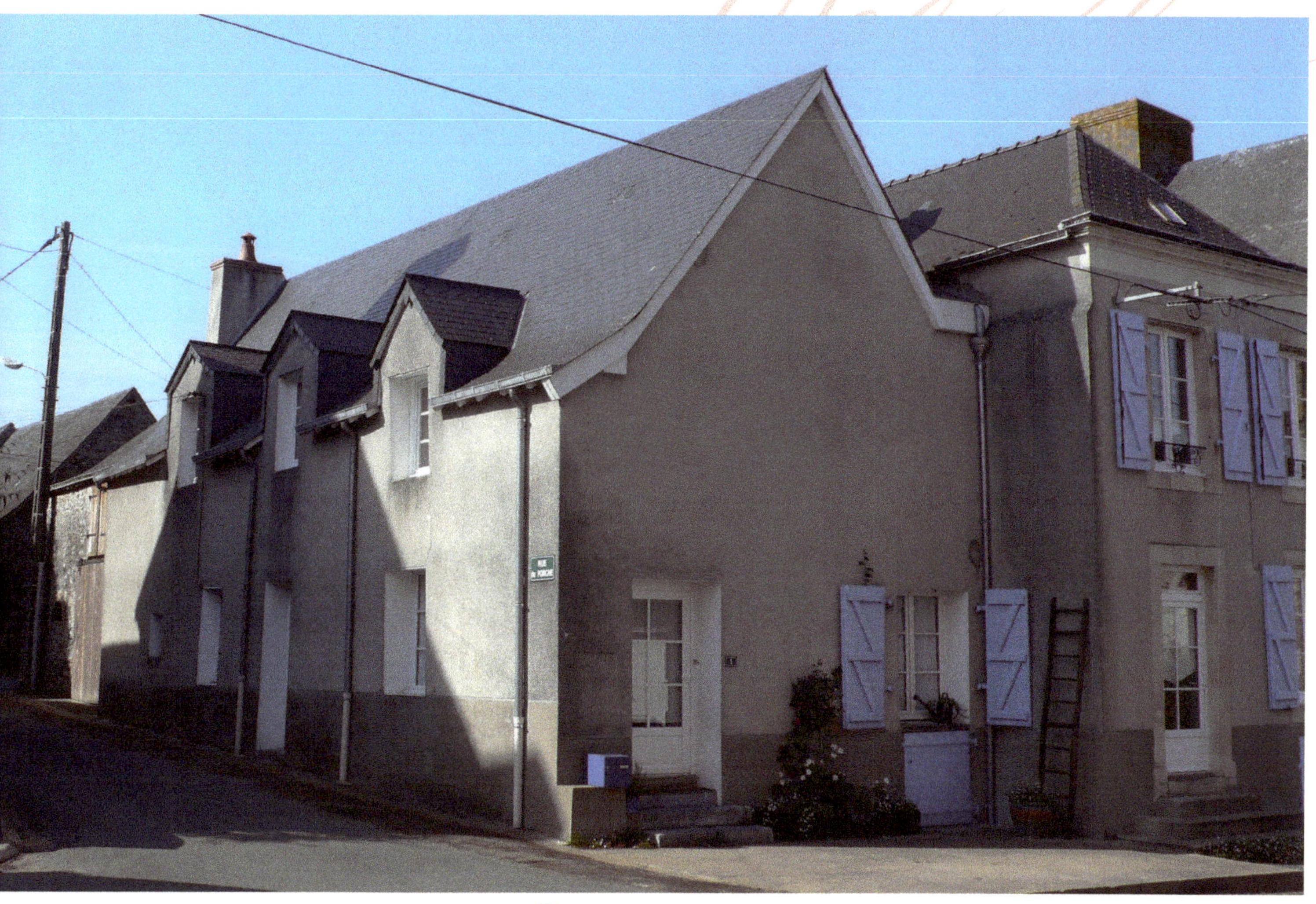

Il n'y a plus d'auberge dans ce village, je me rends donc à la mairie où je rencontre le secrétaire, un homme gentil, mais qui n'a jamais vu de maison avec un porche dans ce village.

Néanmoins, quelques pas plus loin, je trouve ce qui reste de cette auberge appelée "Le Porche". Malgré les préconisations de Desille, cette maison auberge n'est pas intacte : il n'y a plus de bras de fer ouvragé, ni piliers, ni porche. Ce qui reste aujourd'hui n'est aucunement remarquable.

La porte d'une maison voisine s'ouvre. Un monsieur souriant annonce : « Je sais exactement ce que vous cherchez. Entrez chez moi. »

Et voilà, sur le mur de son salon, il y a une aquarelle de l'auberge "Le Porche" comme elle était autrefois.

« Tout le monde aimait cette maison, elle était si originale. Dans les années 60, elle appartenait à Monsieur R. Mais comme il ne voulait pas dépenser d'argent pour la restaurer, il a fait démolir le porche. Et même aujourd'hui nous le regrettons. »

# Louvigné

## *Logis Messent*

*Le logis Messent est sans doute la plus vieille demeure de
Louvigné, située à côté de l'église, et son antiquité lui vient
surtout de sa pourte centrale figurée dans le dessin
ci-dessus par un voussoir formé de deux pierres en granit
entourant une fleur de lys avec nervures, pouvant
se rapporter au XIIIᵉ ou XIVᵉ siècle : cette entrée primitive
est masquée jusqu'au milieu par un mur en maçonnerie.
Les fenêtres supérieures sont à meneaux et moellons
irréguliers, de granit également, décelant le XIVᵉ siècle.
C'est dans ces bourgs retirés des voies de communication,
tramways ou chemins de fer, que l'antiquaire ou l'archéo-
logue trouvent les plus de souvenirs d'autrefois, immeubles
intéressants qui formèrent nos communes.*

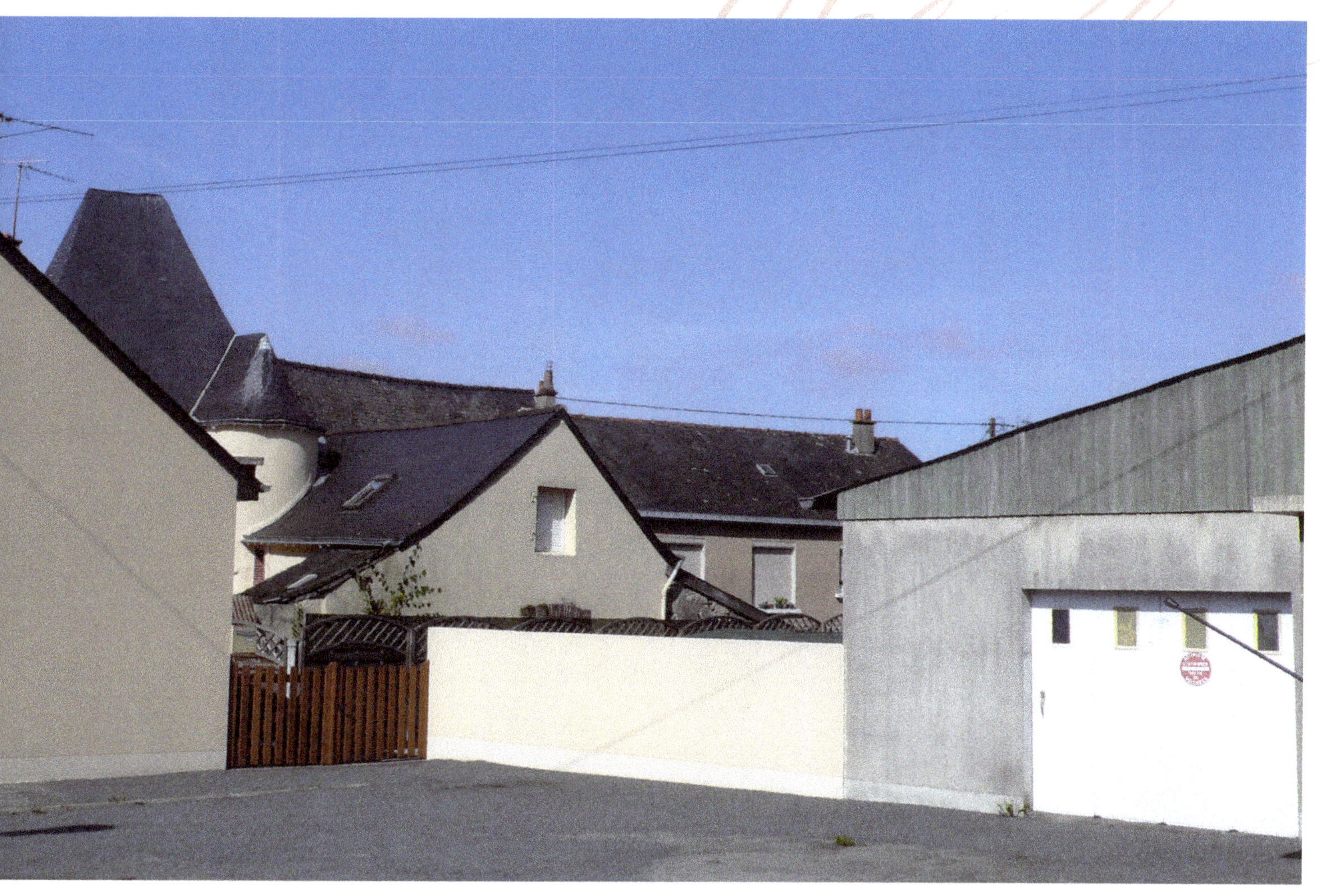

J e cherche la plus vieille maison de Louvigné. Sans succès. Comment peut-on perdre une maison du XIIIe ou XIVe siècle aussi facilement ? Finalement, grâce aux bâtiments qui l'entouraient, je réussis à localiser son emplacement.

À la mairie, on me confirme que, oui, ce petit trésor a été démoli il y a quelques années pour y construire ce garage municipal et ce mur en parpaing recouvert de ciment jaune.

# Laval

## *Maison de la Fleurière*

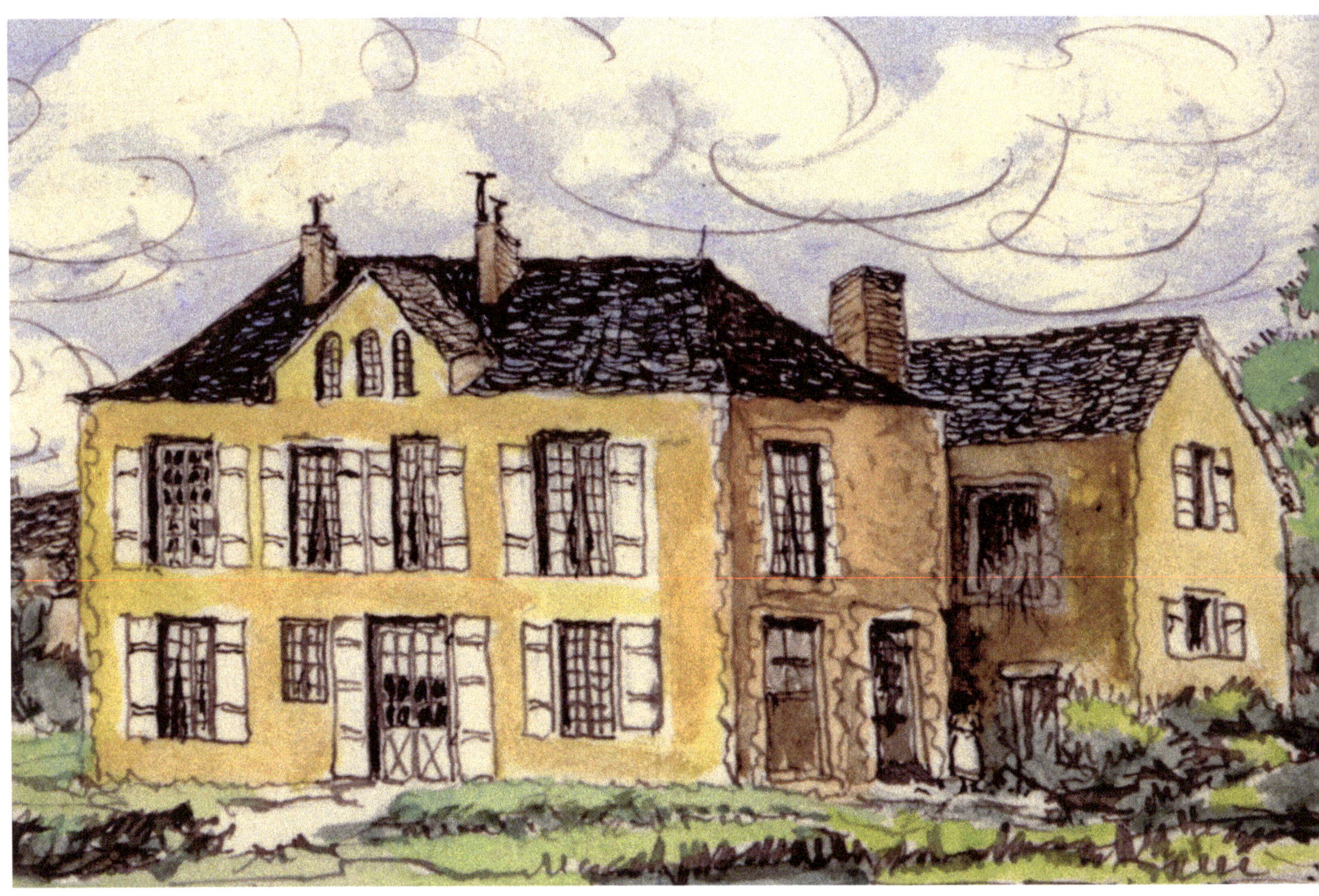

*Maison située près de l'actuel cimetière de Vaufleury.*

*1937 : aujourd'hui marbrerie Bazin.*

*La ferme de la Fleurière, désignée ainsi sur le plan de 1878, a été remaniée vers 1830 ; la mare se trouve à droite, du côté du pressoir. D'après Angot, on parque à la Fleurière les bœufs destinés à l'armée. Cette closerie appartint en 1749 à Paillard, apothicaire. Vendue à Jean Collet en 1800.*

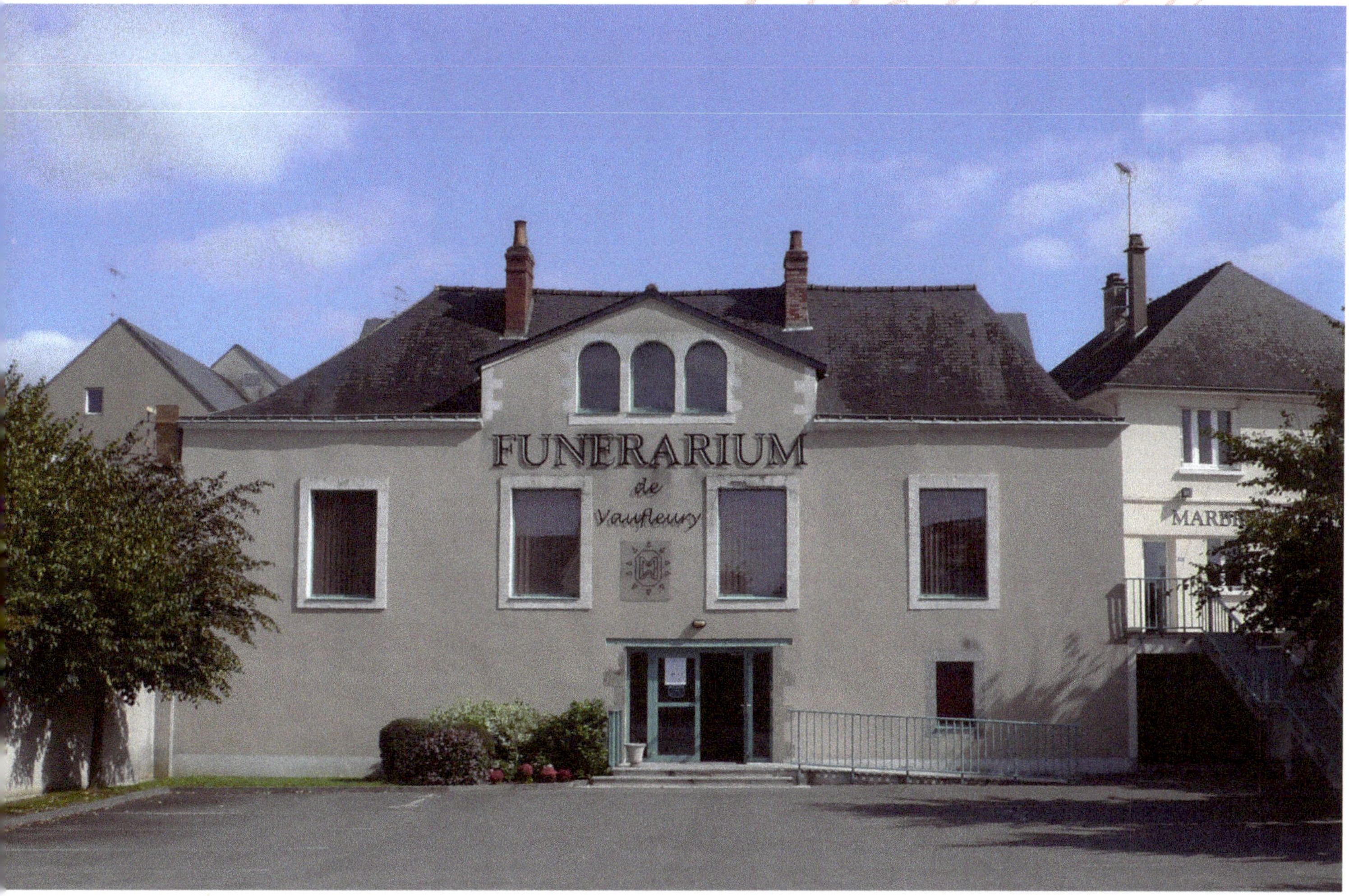

Cette maison avait déjà à usage commercial quand Desille l'a dessinée, mais il a fallu une esthétique moderne, résolument industrielle, pour arriver à un tel changement.

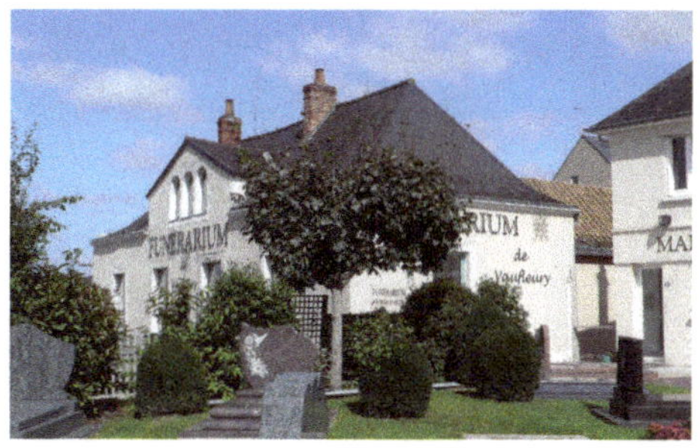

# Laval

## *La halle aux toiles*

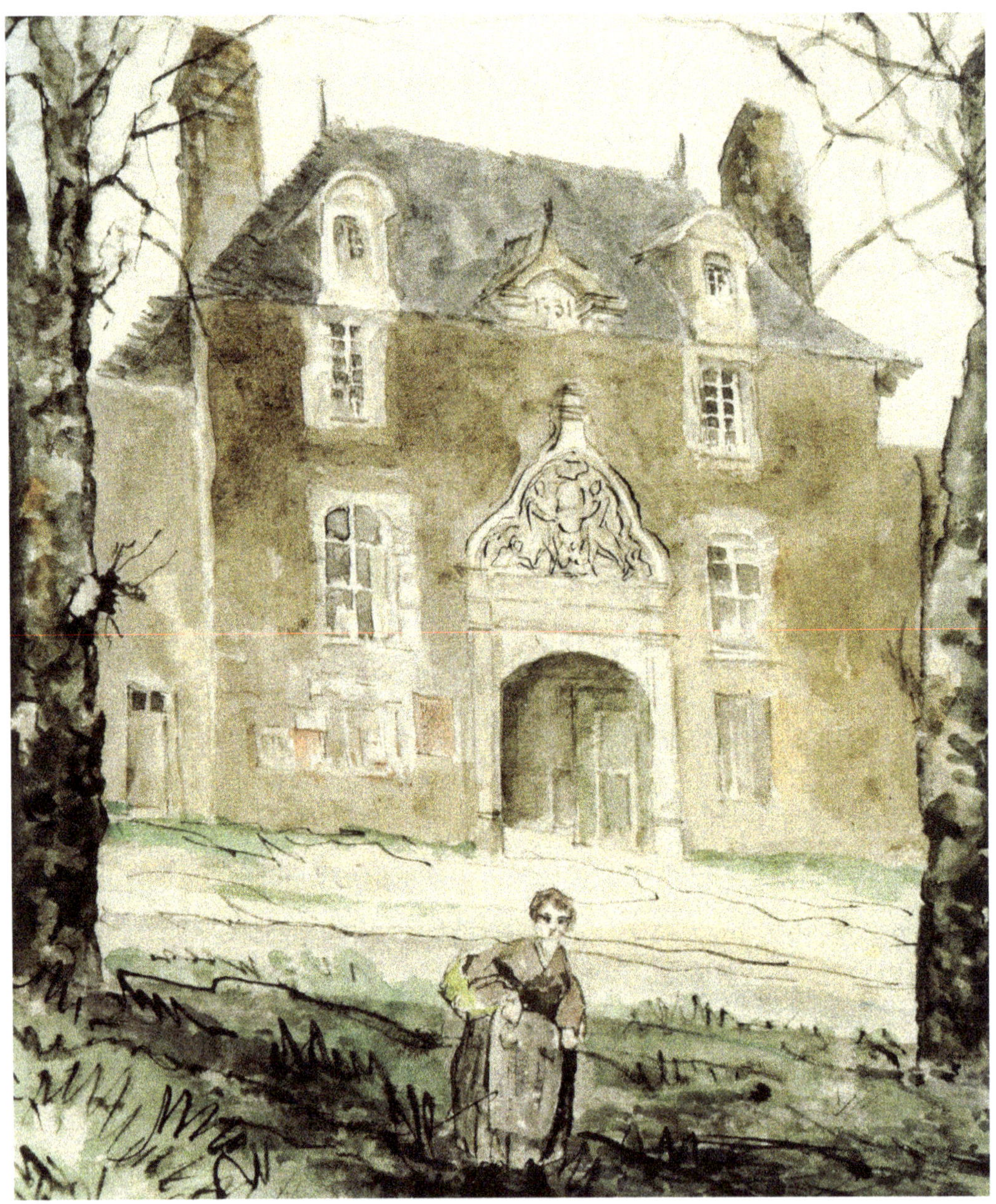

*Façade extérieure de l'ancienne Halle aux Toiles, 1731.*

*Le fronton, assez remarquable, représente un écusson surmonté de la couronne que l'on a effacé, flanqué de deux anges; au dessous, deux enfants ; à gauche l'un tient une à une et une tirelire ; pièce pliée en bas ; à droite, l'autre montre une navette à tissage. L'ensemble est suffisamment artistique pour souhaiter la conservation de ce vieux monument de la fabrique lavalloise. A l'intérieur, le café est tenu par M. Manguy, excellent clarinettiste de nos sociétés musicales.*

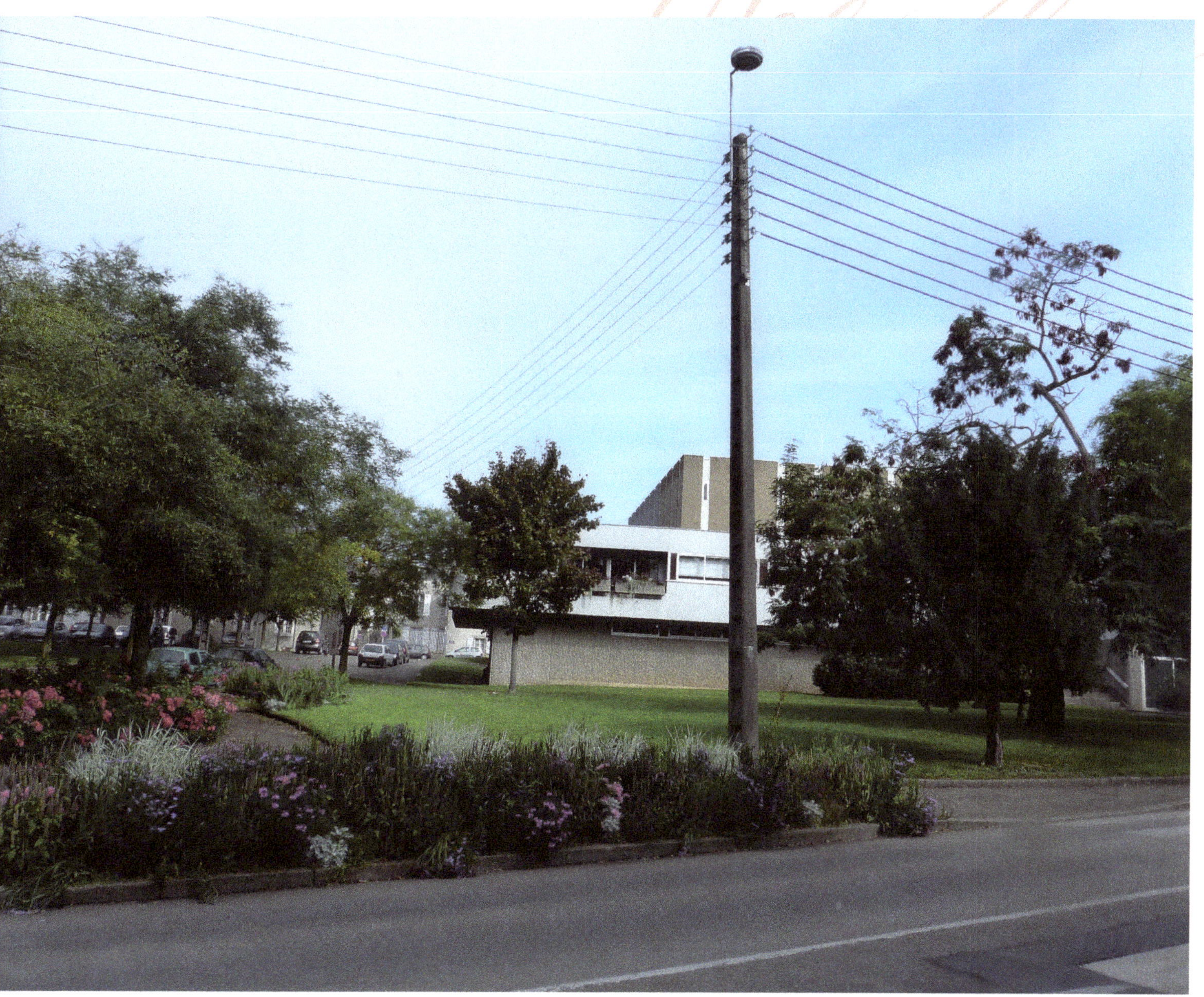

Ni la façade, ni le fronton, ni le café n'existent aujourd'hui. La Halle aux Toiles a-t-elle été démolie pour élargir la route ? Sans doute. Un peu en retrait, une bibliothèque moderne, de style peu remarquable.

# Laval

## *Rue Saint-Jean*

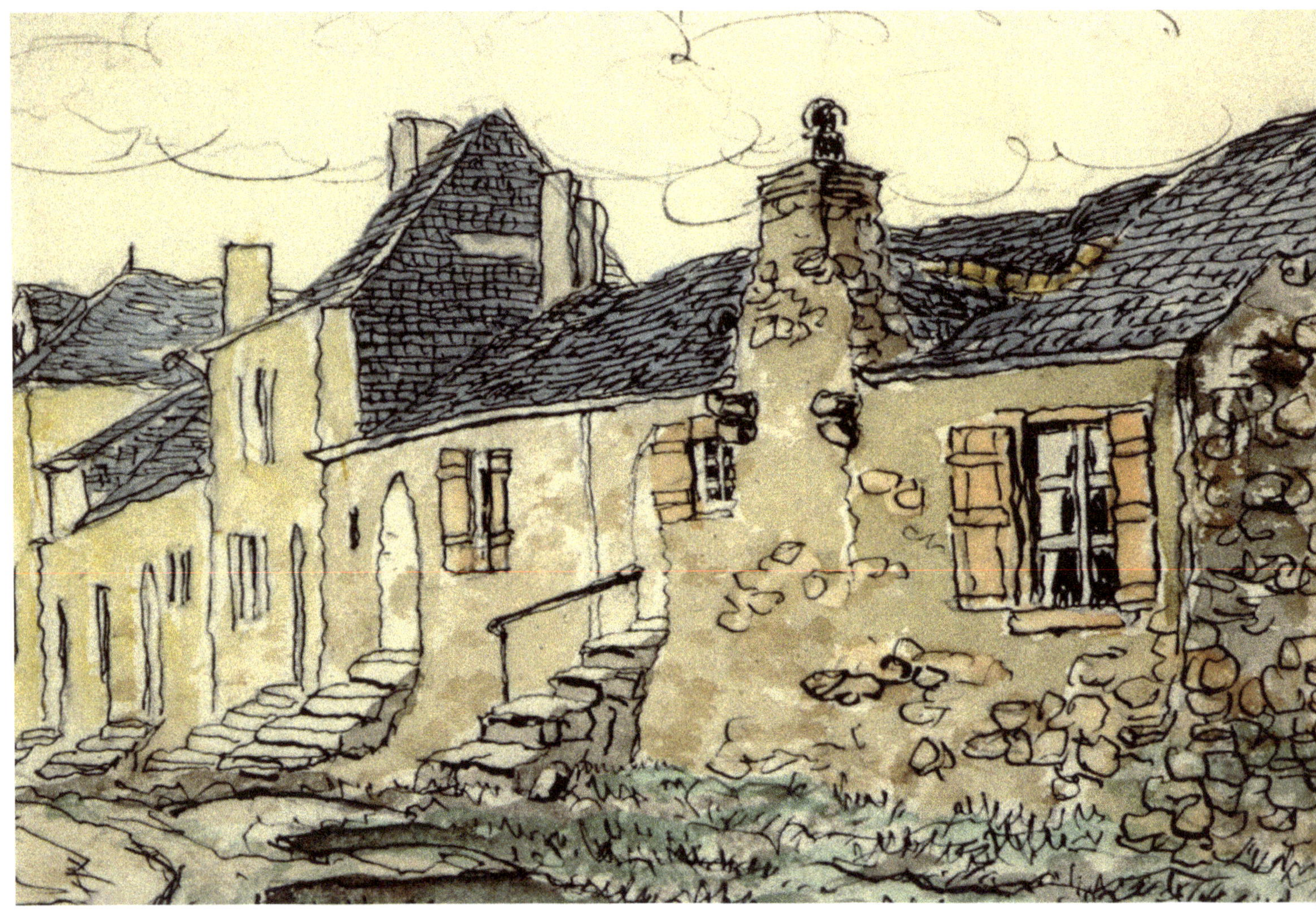

*De ces maisons, on aperçoit la cathédrale et les arbres du
champ de foire dans le décor inchangé de l'ancienne rue
remplacée par la rue Ernée. Ce dessin est pris du portail
de Haute-Follis qui longe la voie ferrée. Il y a cinq escaliers
qui escaladaient les vieilles caves à tisserands. Depuis 1934,
la maison de droite est restaurée, l'énorme cheminée a été
démolie.*

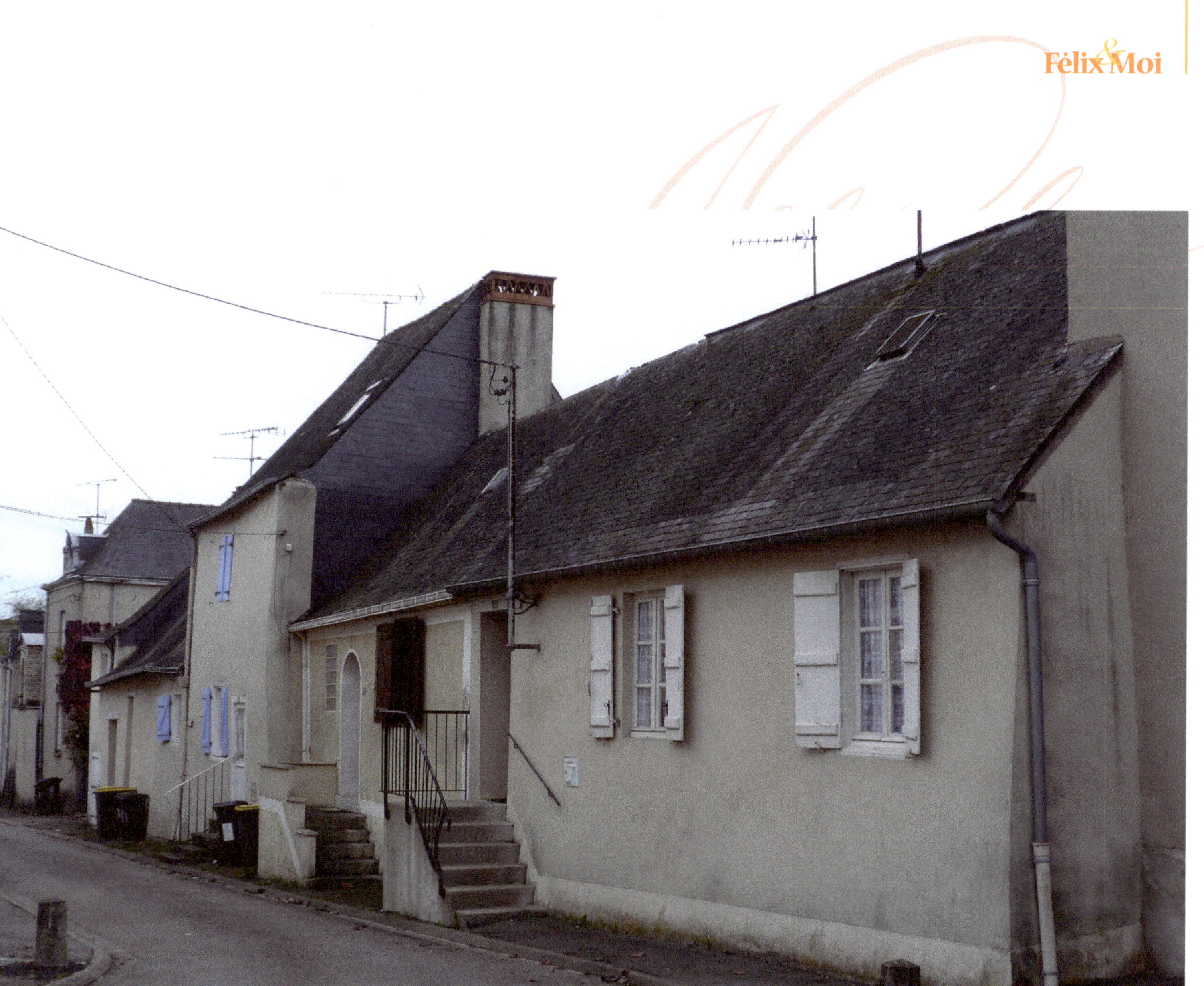

La rue et ses maisons originales existent toujours, mais des marches en ciment ont remplacé les escaliers en pierre : les portes cintrées sont devenues rectangulaires, la double porte dont parle Desille n'existe plus, les murs irréguliers sont résolument droits et recouverts de ciment. L'obsession moderne de la propreté a banni toute herbe folle. Pour compléter ce décor très « XXIe siècle » : un remarquable alignement de poubelles… en PVC.

# Forcé

## *Le logis du chat*

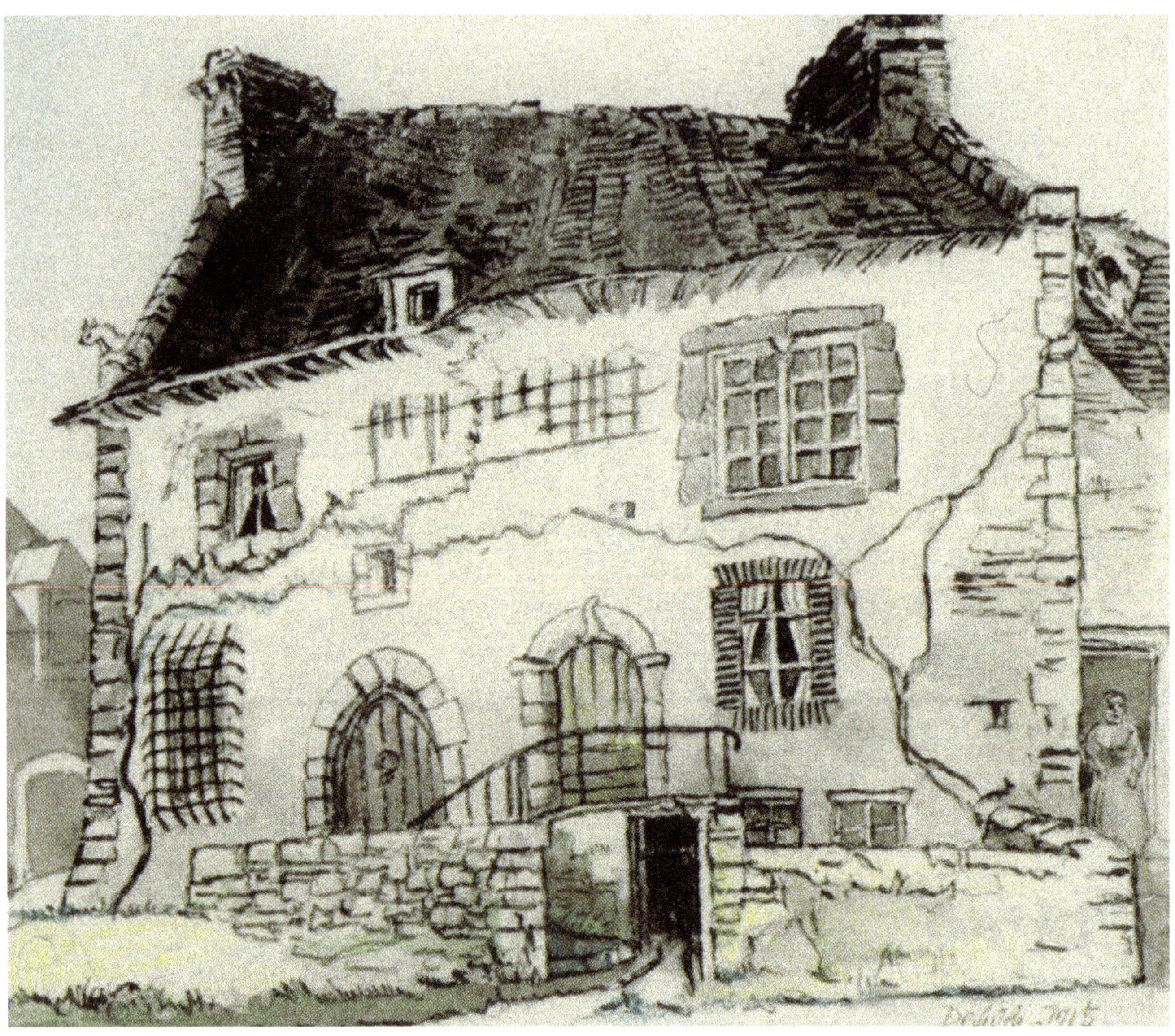

*Cette vieille maison est ainsi nommée par les habitants et se trouve aux approches de l'église. En 1915, elle est à louer et les intempéries l'ont abîmée, le toit percé, les maçonneries ruinées… ; pourtant, ce logis très intéressant est peut-être le plus vieux souvenir du bourg; en tout cas, son aspect extérieur est très pittoresque avec ses deux portes, dont l'une ogivale et l'autre en cintre, son perron et ses fenêtres grillagées à la mode de serrurerie massive du XIIIᵉ siècle.*

*Le nom du "chat" lui vient de la sculpture qui orne le faîtage ; c'est un animal plutôt bizarre, que le constructeur a voulu placer en forme de gargouille. Il paraît que cette maison fut une "hostellerie" placée sur le chemin de Meslay, abandonnée depuis longtemps, et nul doute que les pauvres voyageurs ne se soient hébergés tant bien que mal en cet endroit au temps de la baronnie de Laval.*

*En 1927, cette maison vient être démolie…*

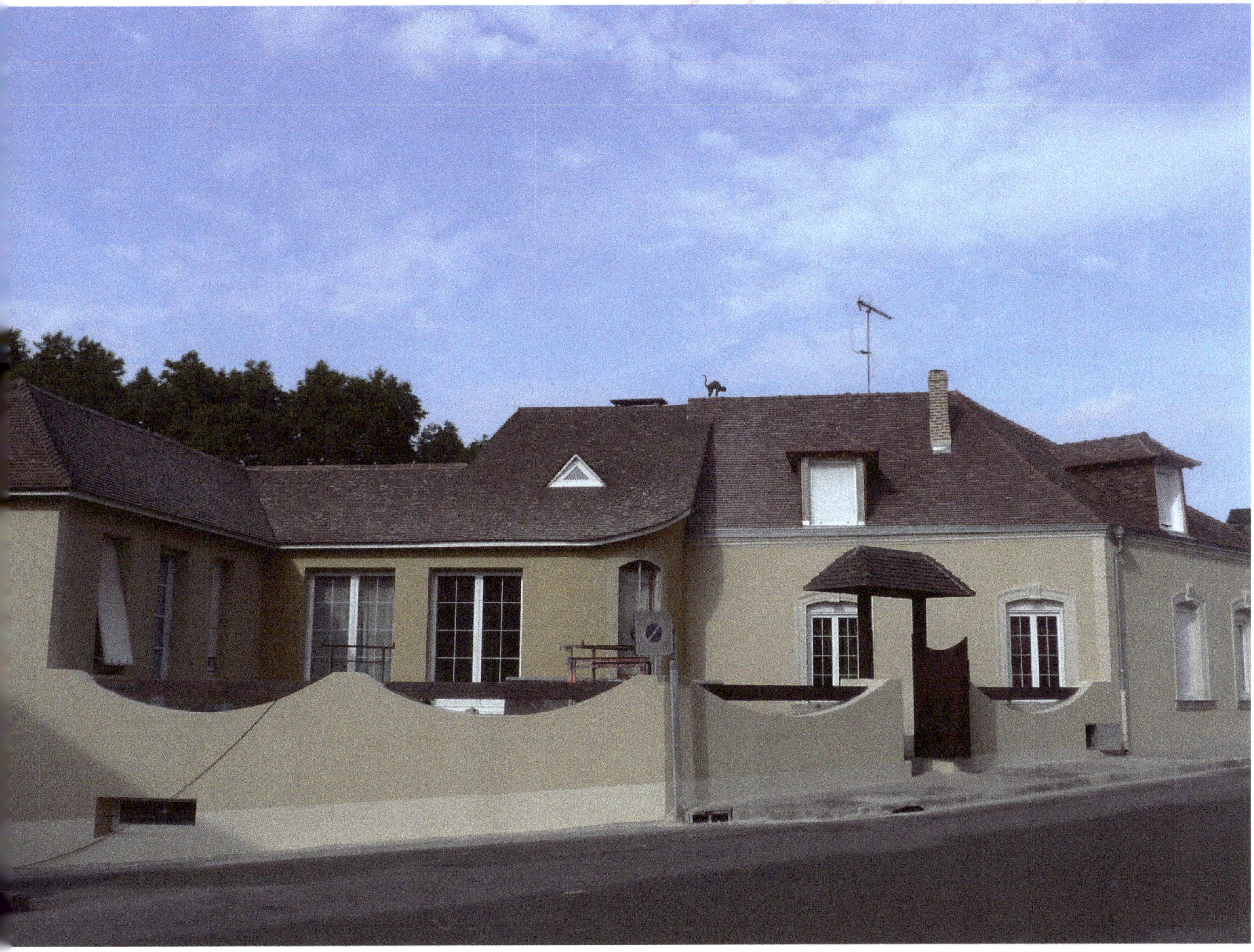

La petite dame que je questionne n'a jamais entendu parler du Logis du Chat.

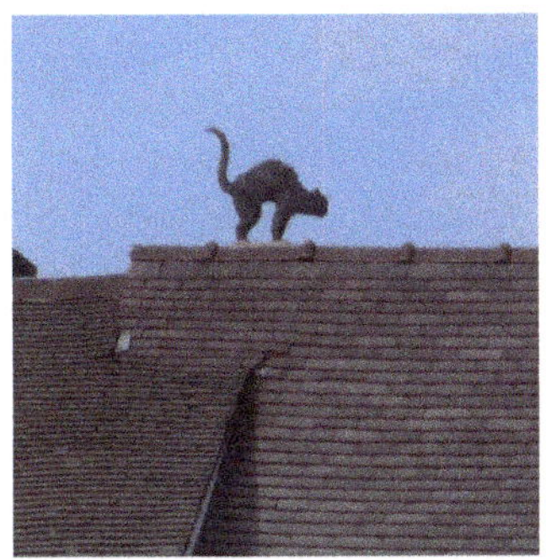

« Mais il y a une maison avec un chat sur le toit, une belle maison, » dit-elle avec enthousiasme. « Il y a toujours eu un chat sur le toit des maisons à cet emplacement, mais personne ne sait pourquoi. Venez, je vais vous montrer la nouvelle maison du chat. Elle est belle, très très belle ! Faut voir l'intérieur - il n'y a pas plus moderne, plus luxueux. Oui, elle est vraiment magnifique. »

# Thévalles

## *Maison*

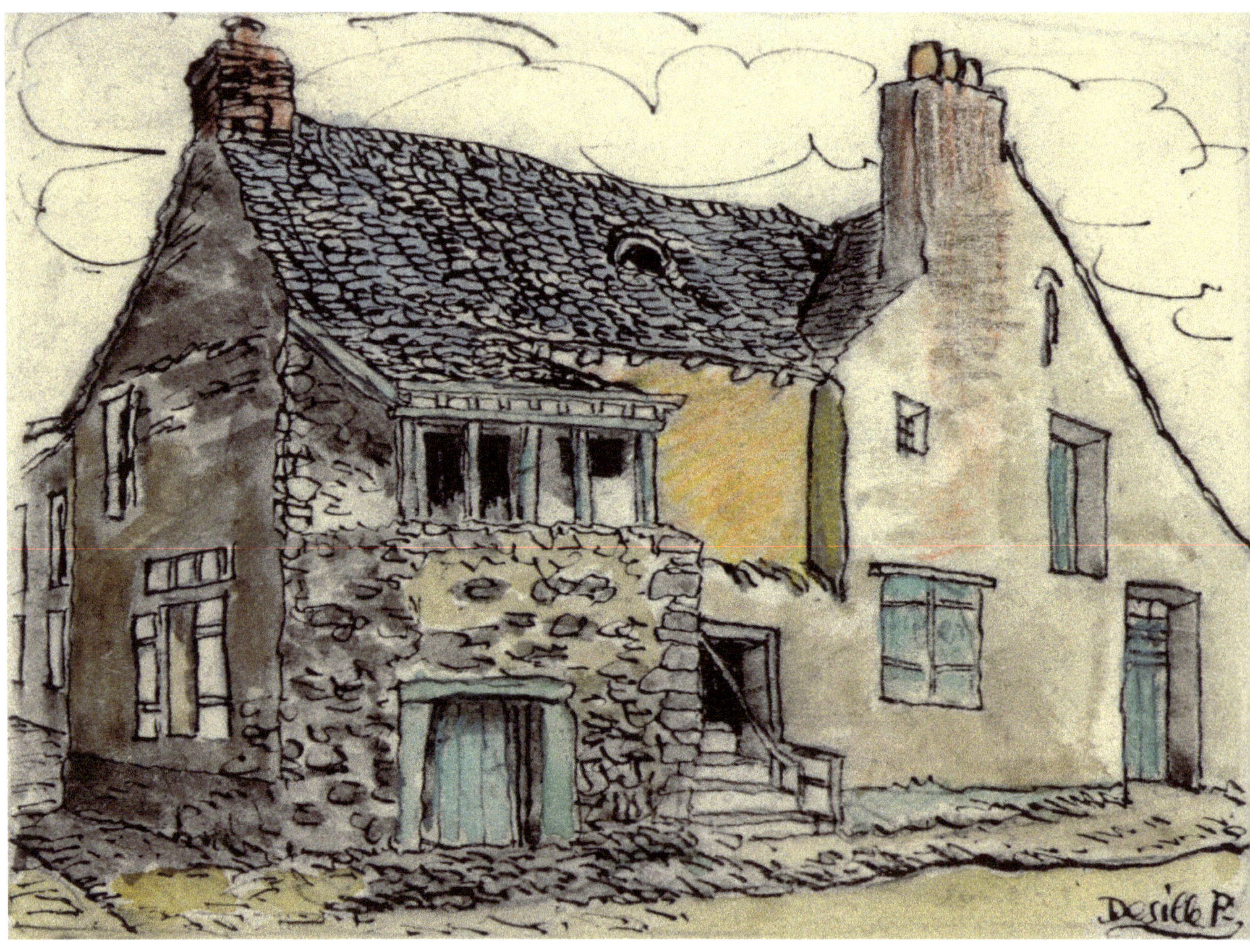

*Une des plus vieilles maisons de Thévalles, du XIVᵉ-XVᵉ siècle, avec un escalier au premier étage et un porche en bois intéressant selon la mode du Bas-Maine.*

*Village bien connu pour ses fabriques de poteries, tenues ces dernières années par la famille Sigoigne père et fils, dont les tours sont dans la partie inférieure du village (1899). La poterie de Thévalles confectionne des pots à fleurs en terre glaise cuite, des trompes ou "cônes" qui produisent un son rauque et prolongé d'un effet bizarre, et qui sont achetées surtout dans le mois de mars où la foule va à Saint-Joseph, des faîtières à poser pour les combles des maisons et des tuyaux de drainage pour les champs, des briques plates employées longtemps à Laval et sa région.*

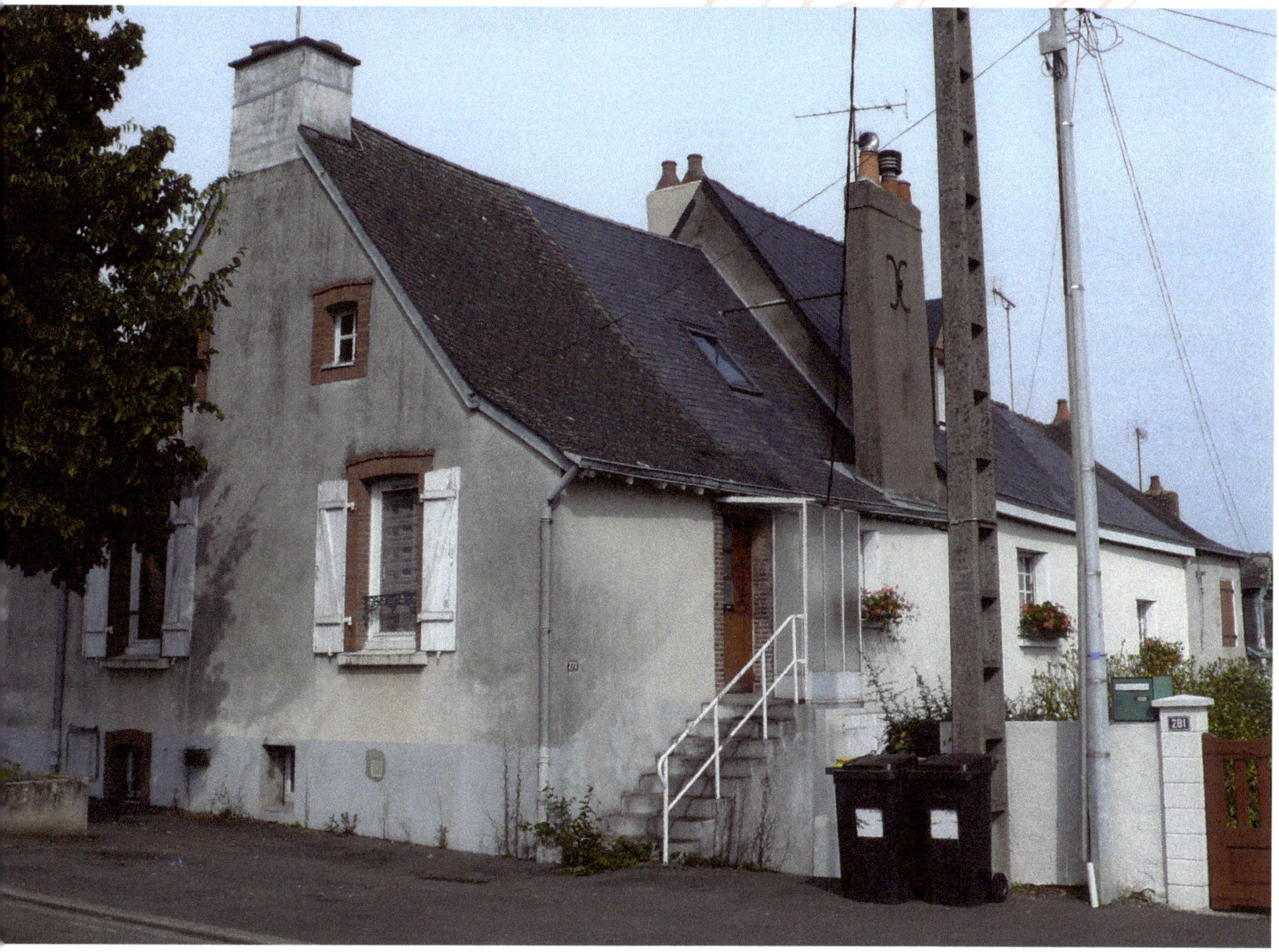

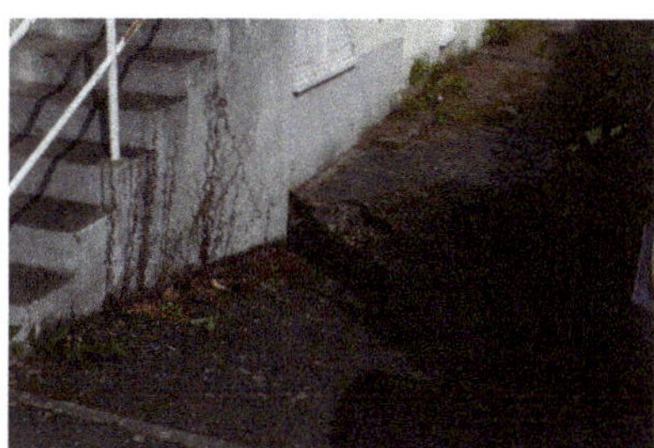

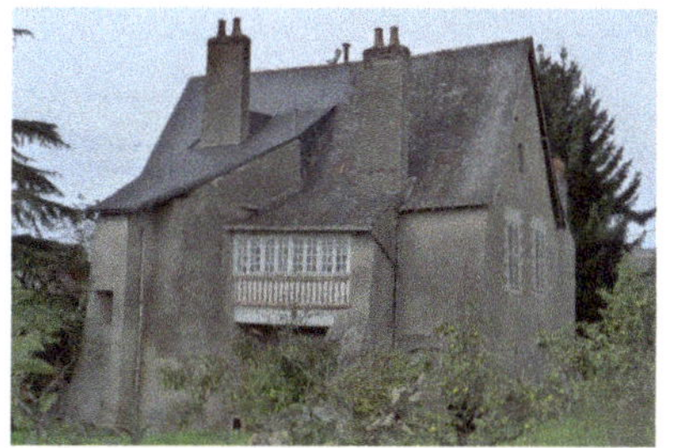

Si cette maison – l'une des plus vieil-les du village – est bien celle que Desille a peinte, elle a perdu son ancien escalier et son porche en bois typique du Bas-Maine. Par contre, elle a gagné en modernité.

# Evron
## *Les halles*

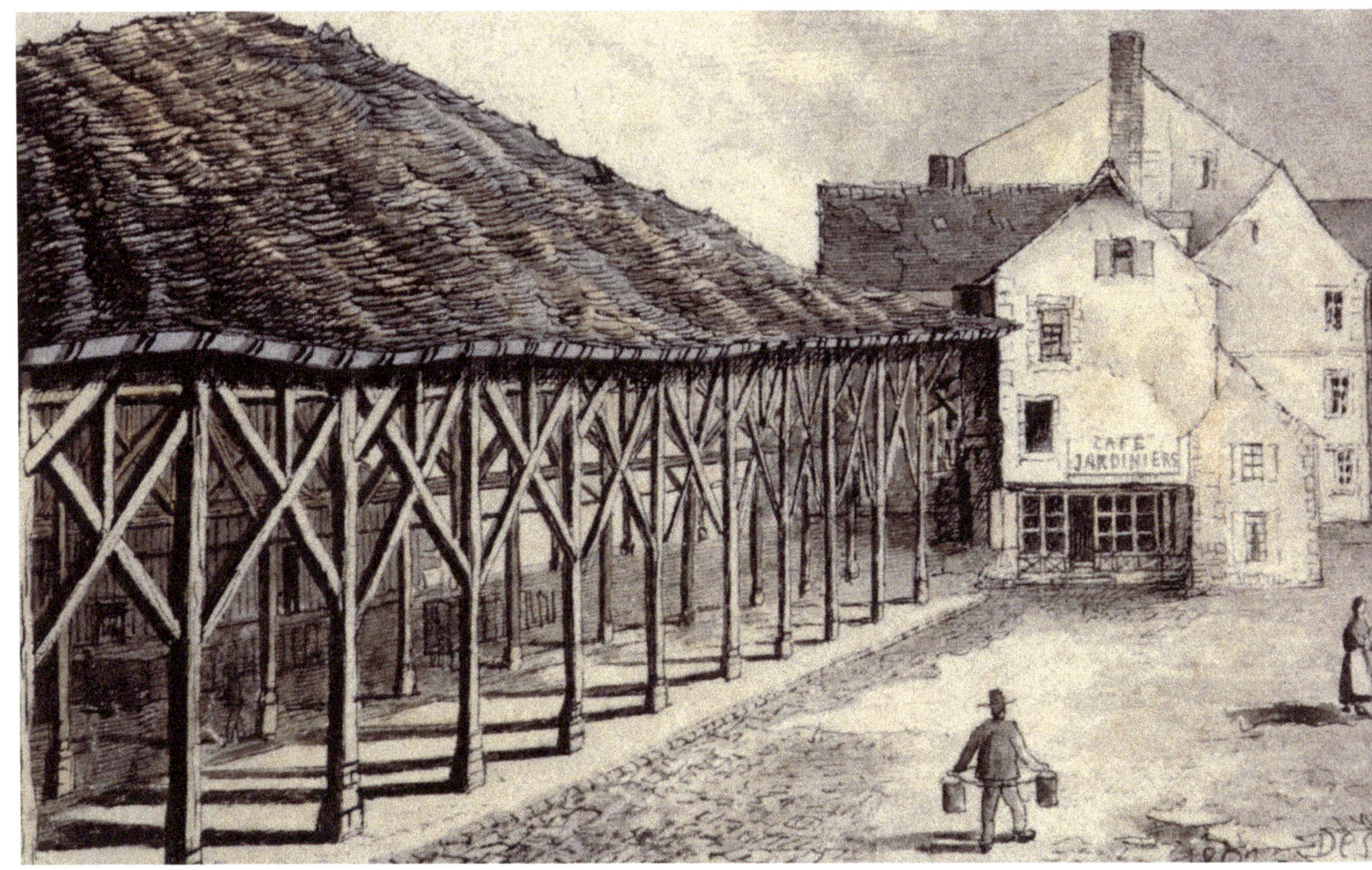

*Vieilles halles d'Evron détruites en 1897 d'après nature (1891). En 1891, au cours d'une promenade, je dessinai les vieilles halles si pittoresques et malheureusement dans un état de délabrement qui faisait présager leur démolition effectuée six ans après. La place dégagée a gagné sous le rapport de l'hygiène, et le touriste admire plus à l'aise la superbe ordonnance de l'église. C'était un travail considérable de charpente, comprenant une douzaine de piliers en bois massif sur fûts de pierre avec poutrelles. Des générations, se succèdent les marchés et foires.*

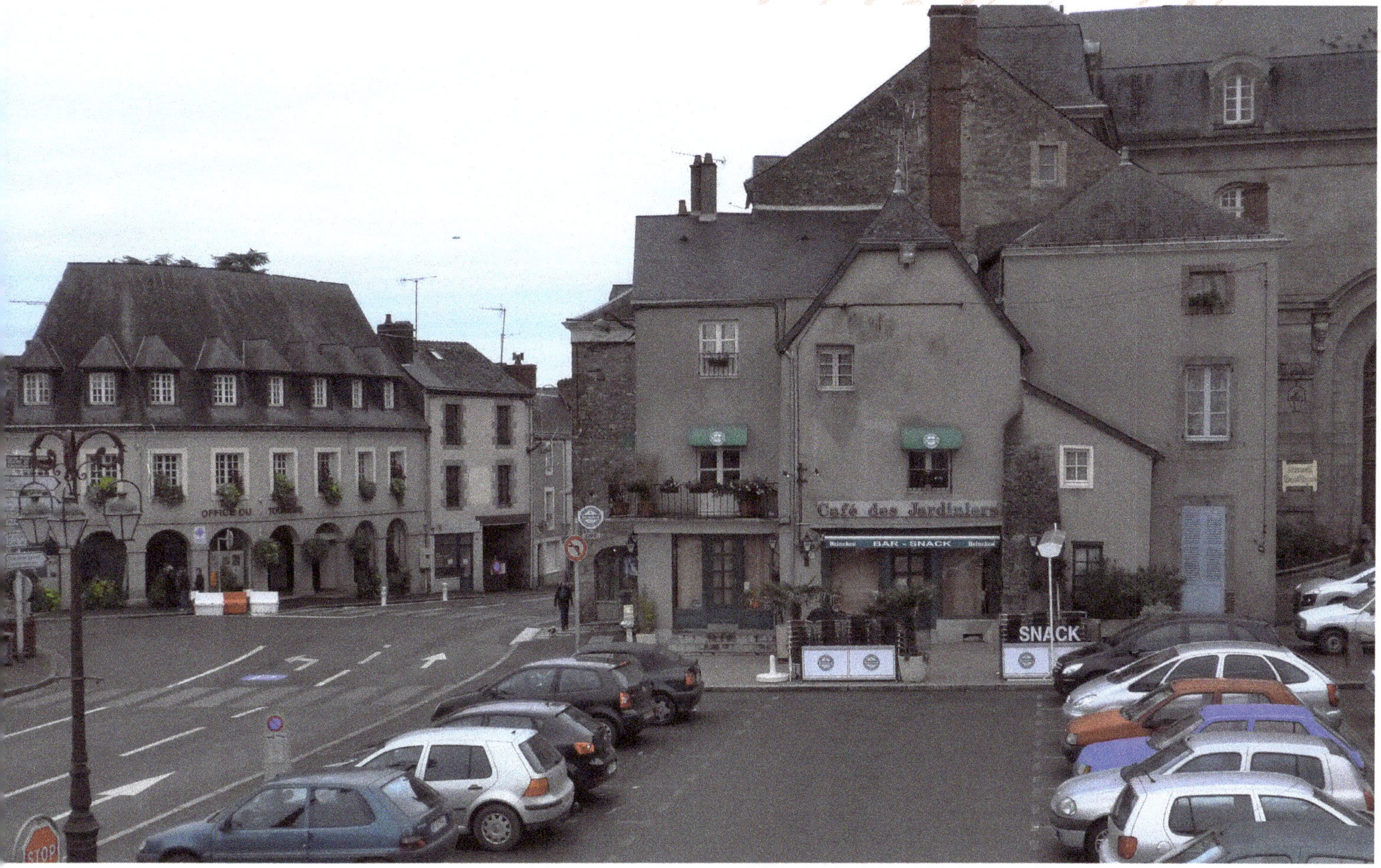

Aujourd'hui on est obligé d'admirer la basilique au-dessus de toits des voitures car l'ancienne place des Halles est devenue un parking. Les bâtiments autour de la place n'ont pas résisté non plus aux améliorations avec leurs grandes baies vitrées modernes, leurs ouvertures en PVC, leurs enseignes multicolores et leurs revêtements en béton. Est-il possible que, sur la gauche de la photo - ce bâtiment aux petites pièces étouffantes, aux murs de plaques au plâtre, aux couloirs bétonnés et aux sols de carrelages industriels - ait été l'ancienne et très belle Auberge de l'Aigle d'or ?

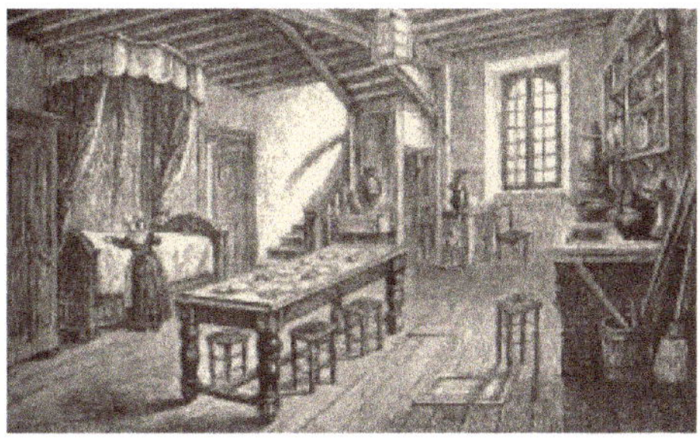

*Ancienne salle à manger de l'auberge*
*de l'Aigle d'Or à Evron.*
Dessin de H.Catenacci

# Château-Gontier

## *Rue Rigot*

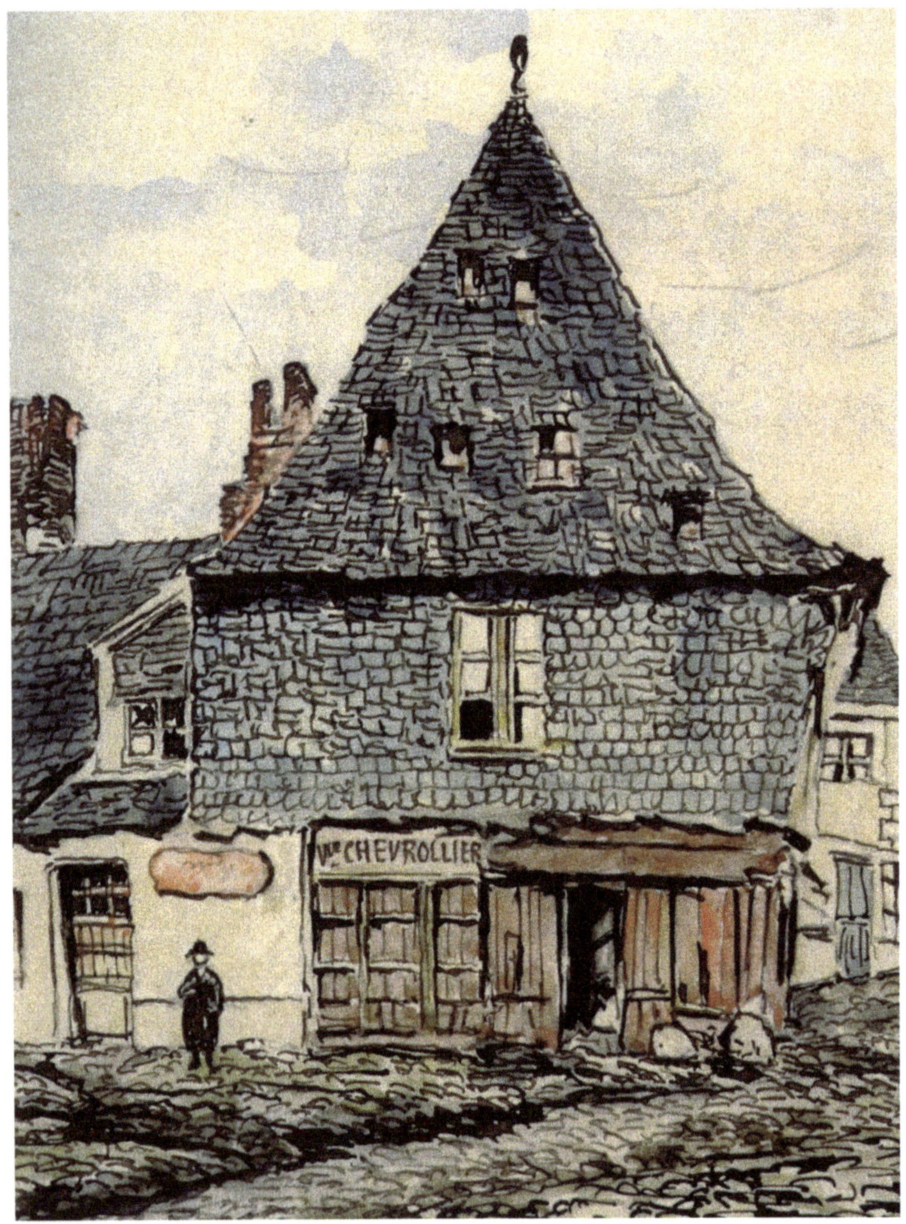


*Pour avoir quelques vues du vieux Château-Gontier, il faut prendre
la rue Trouvé ; n°59 : porche très pittoresque.*

*Rue Brunesac, vieilles maisons du XIVᵉ et XVᵉ siècle, la plupart encore
restées dans leur cachet séculaire.*

*La maison ci-contre est à l'entrée de la rue Félix Rigot et disparaîtra
sans doute bientôt.*

*Cette maison est démolie en 1929.*

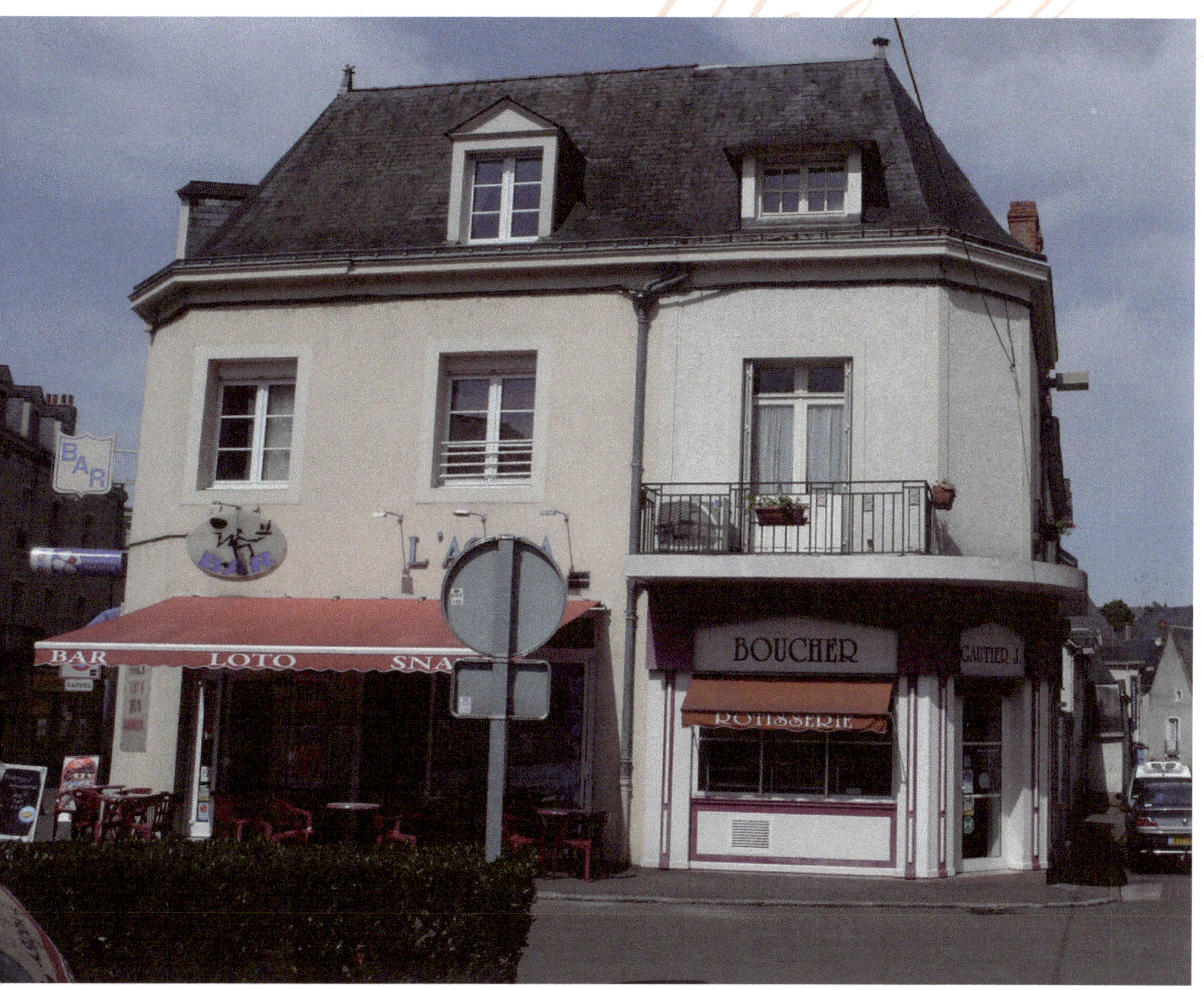


...Et a été remplacée par ce bati-
ment.

# Saint-Cyr-le-Gravelais
## *Manoir ferme*

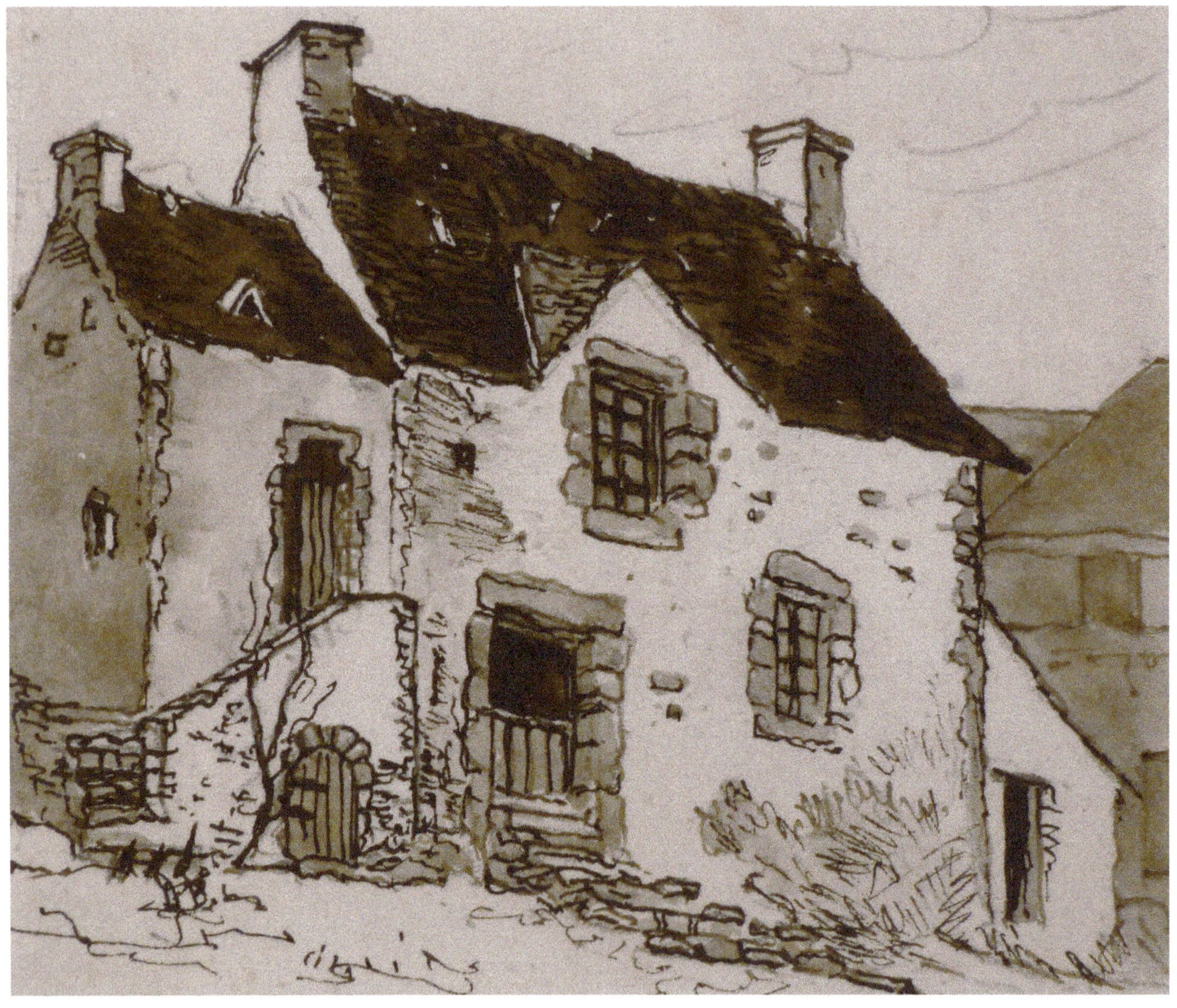

*C'est dans les humbles villages du département que l'on trouve
l'aspect presque intégral de la vie des campagnes d'autrefois.
Par exemple Saint-Cyr-le-Gravelais garde encore autour de son
église le cimetière ancestral dont les tombes se groupent à l'envie
autour de son clocher… Saint-Cyr conserve le vieux logis, de
façade très drôle avec le perron voisin et ses moellons mal taillés
comme on ne prenait pas la peine au XIVe ou XVe Siècle. D'ici
quelques années on démolira sans doute ce modeste spécimen
d'habitation villageoise et celui-ci a le mérite d'authenticité, avec
ses marches qui s'écroulent peu à peu dans le chemin, dévalent
ver la mare !...et ses cheminées classiques à chaque pignon !*

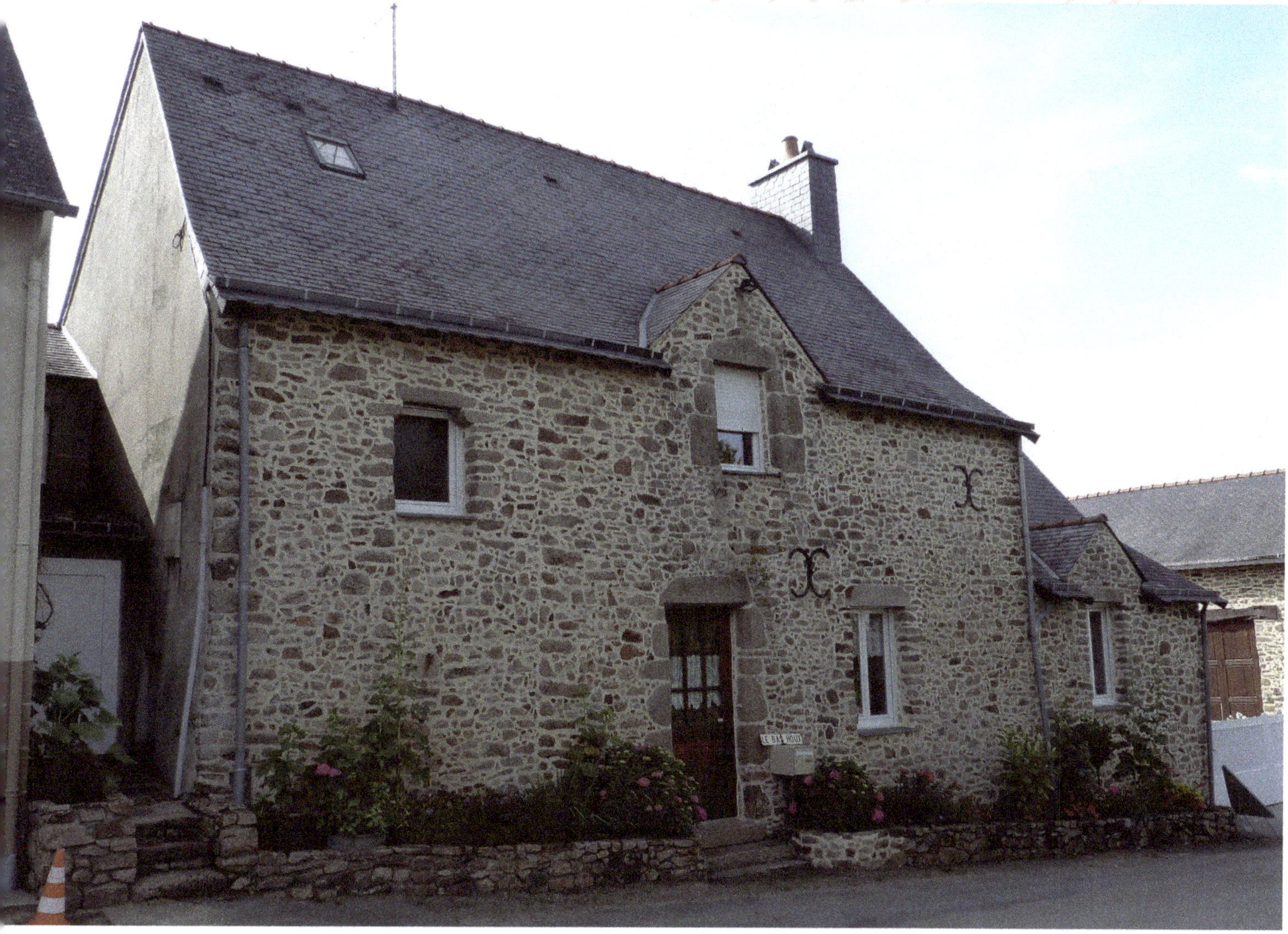

La femme à qui je montre le dessin de Desille me jette un regard haineux puis, sans dire un mot, reprend son travail de jardinage. Une porte de sa maison s'ouvre et un homme sort. « Ne réponds pas à ses questions ! » lui ordonne la femme mais, curieux, il s'approche et regarde attentivement le dessin pendant quelques minutes. « Dommage. Je ne connais pas cette maison. »

« Je t'ai dit de ne pas répondre à ses questions ! » hurle sa femme.

L'homme est un peu gêné mais pas découragé ni affecté pour autant : « Ce dessin me dit quelque chose quand même… »

« Qu'est-ce que je t'ai dit ? » crie la femme. « Ne réponds pas ! Viens ! On rentre ! »

Son mari l'ignore toujours. Et si à présent c'est moi qui suis mal à l'aise, sa gêne à lui commence à se dissiper.

« Ma maison aussi est ancienne. Voulez-vous la voir ? C'était le café du village mais on a été obligé de fermer. Les flics attendaient les clients à la sortie du village chaque soir, alors la clientèle a disparu. » On entre dans la pièce centrale. Sa femme, maintenant dans sa cuisine, claque les portes avec furie. L'homme regarde le dessin encore une fois. Puis il sourit. « Oui ! je sais où c'est ! Suivez-moi ! »

# Saint-Germain-le-Guillaume
## *Maison*

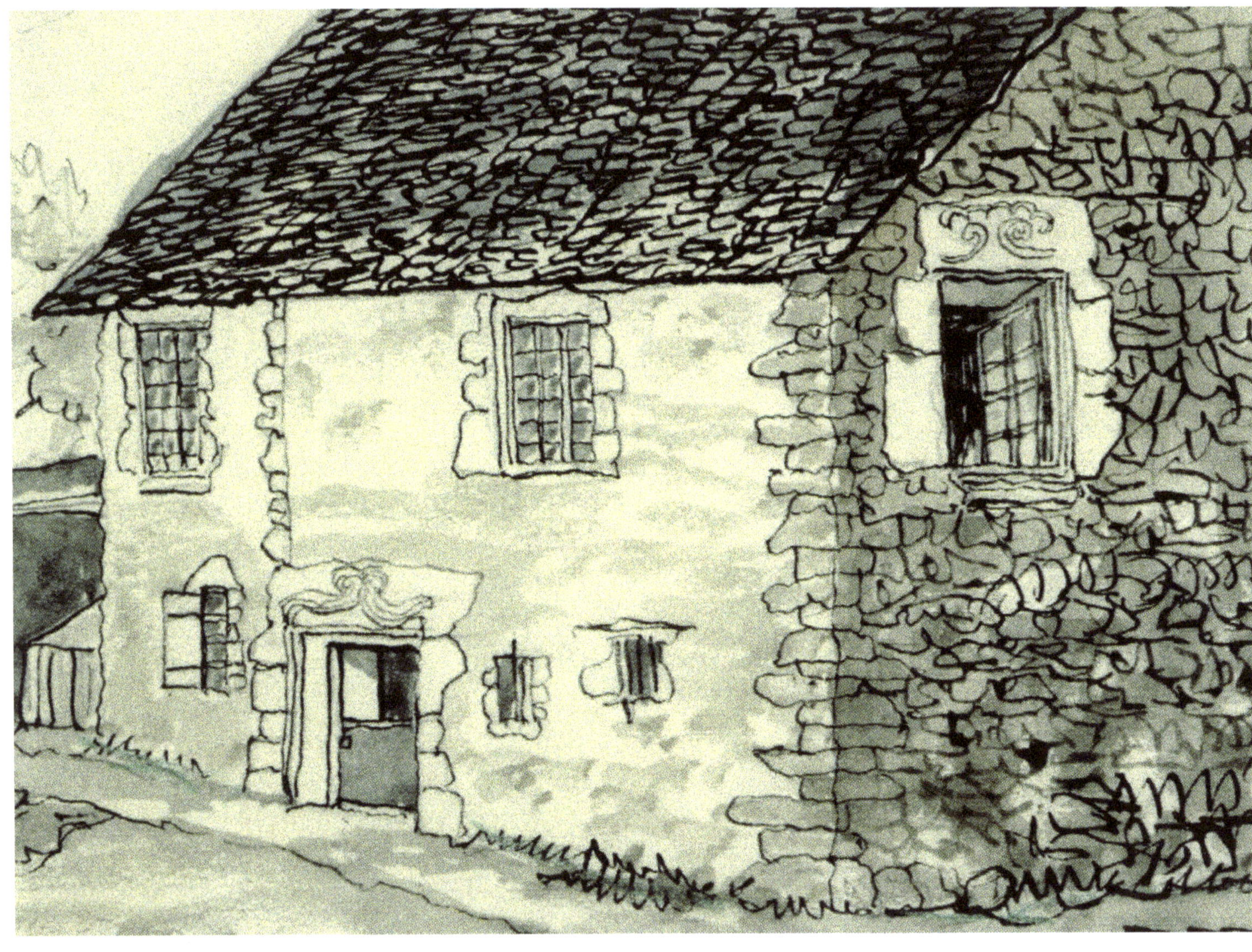

En descendant la rue du bourg, au long du tramway, une des maisons présente un caractère archéologique remarquable. La porte d'entrée contient une pierre de granit sculptée, à moulures et rinceaux que j'ai dessinée ci-contre. Ces motifs se retrouvent sur la fenêtre donnant sur la rue latérale, encadrée d'énormes pierres de grès roussâtre, finement moulurées aux arêtes, et un socle forment des enjolivures qui décèlent pour le constructeur, tailleur de pierre, une patience et un métier irréprochable. L'ensemble, malgré l'absence de lucarnes, est bon.

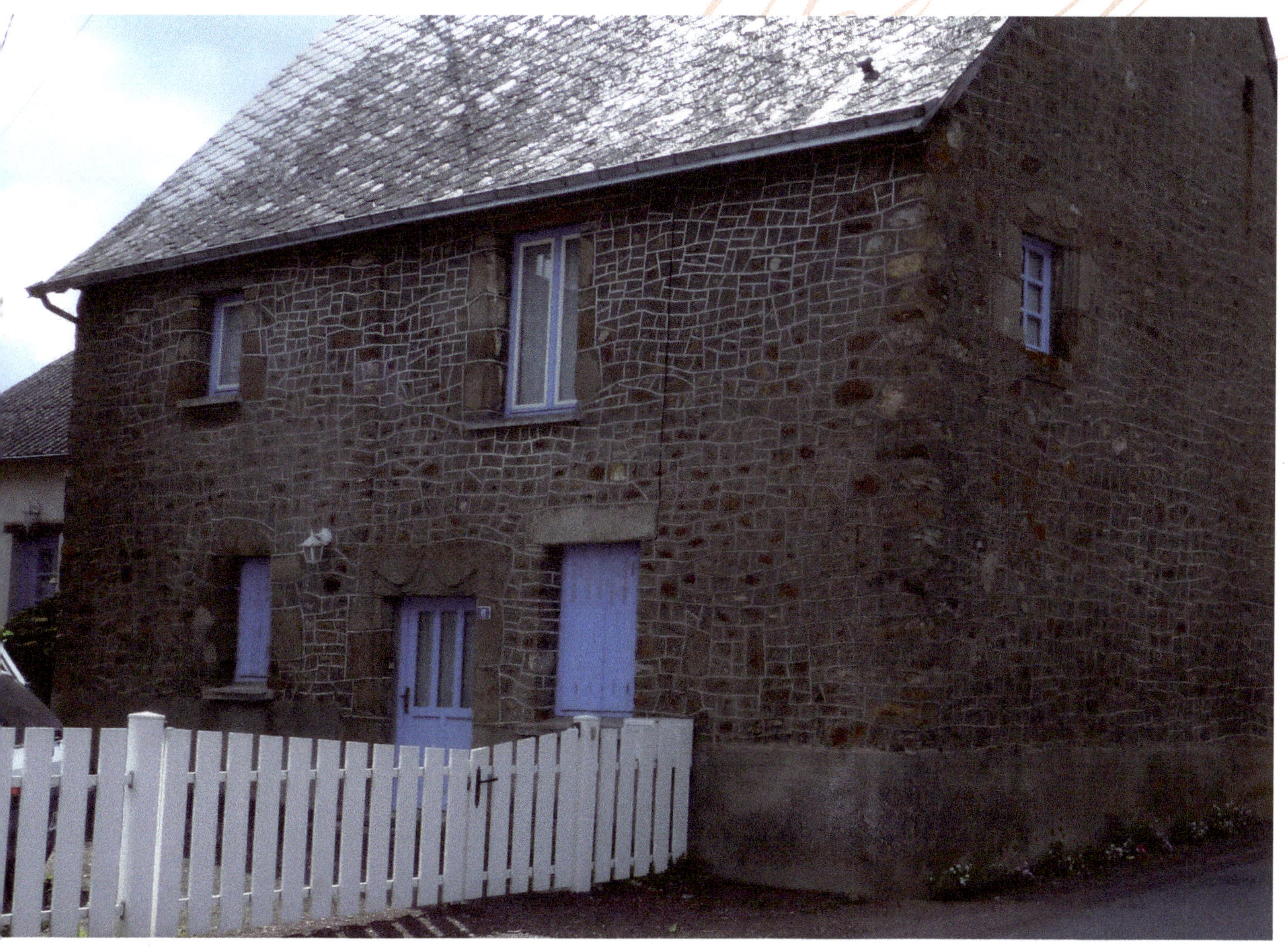

Elle est une femme de ménage, extravertie, aimable. Oui, elle sait où se trouve la maison que je cherche.

« Je connais toutes les maisons ici – et il y en avait de très anciennes, des très belles. Mais, les gens, ils veulent tout changer. Vous allez voir. Aujourd'hui, ces vieilles maisons ne ressemblent plus à rien. »

# Deux-Évailles
## *La ferme du bourg*

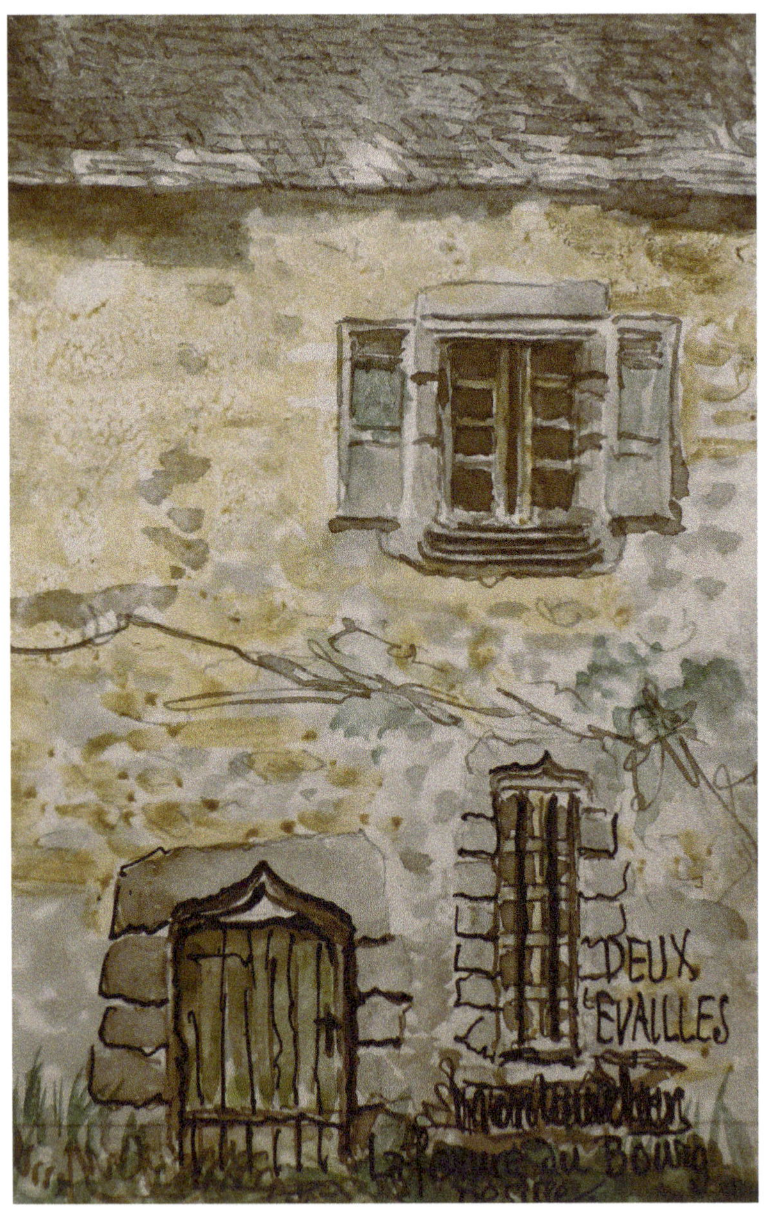

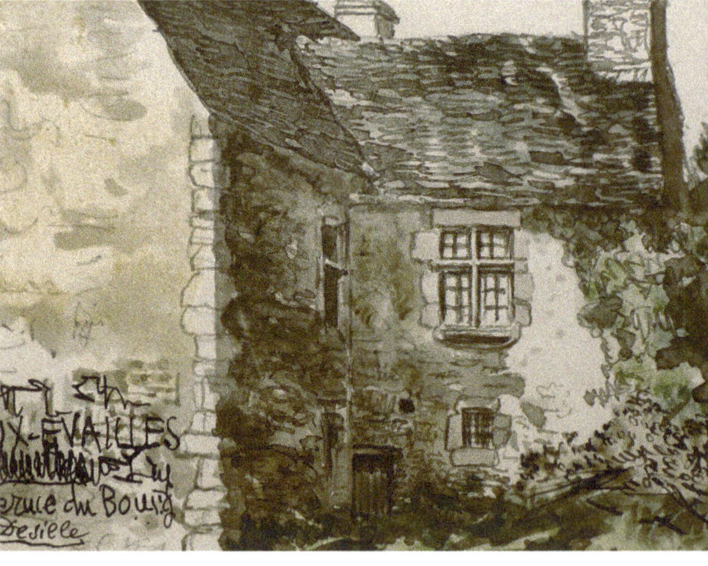

Le Bourg de Deux-Evailles est très intéressant. En face de l'église se trouve le manoir dit « La ferme du Bourg » dont je donne deux dessins et qui offre des fenêtres à meneaux bien ordonnées, de même qu'une porte du XVe siècle bien conservée. Le bureau de tabac, où le « fratres » procède à la barbe des clients sur une chaise quelconque, est encore une vieille maison du temps. L'immeuble contigu remonte au XIIIe ou XVIVe siècle et a quelque analogue dans l'ensemble avec la ferme plus haut.

Cette antique maison construite à la mode du Maine présente des baies à meneaux, modèles du genre, XVe siècle bien conservés avec des pierres inégalement taillées.

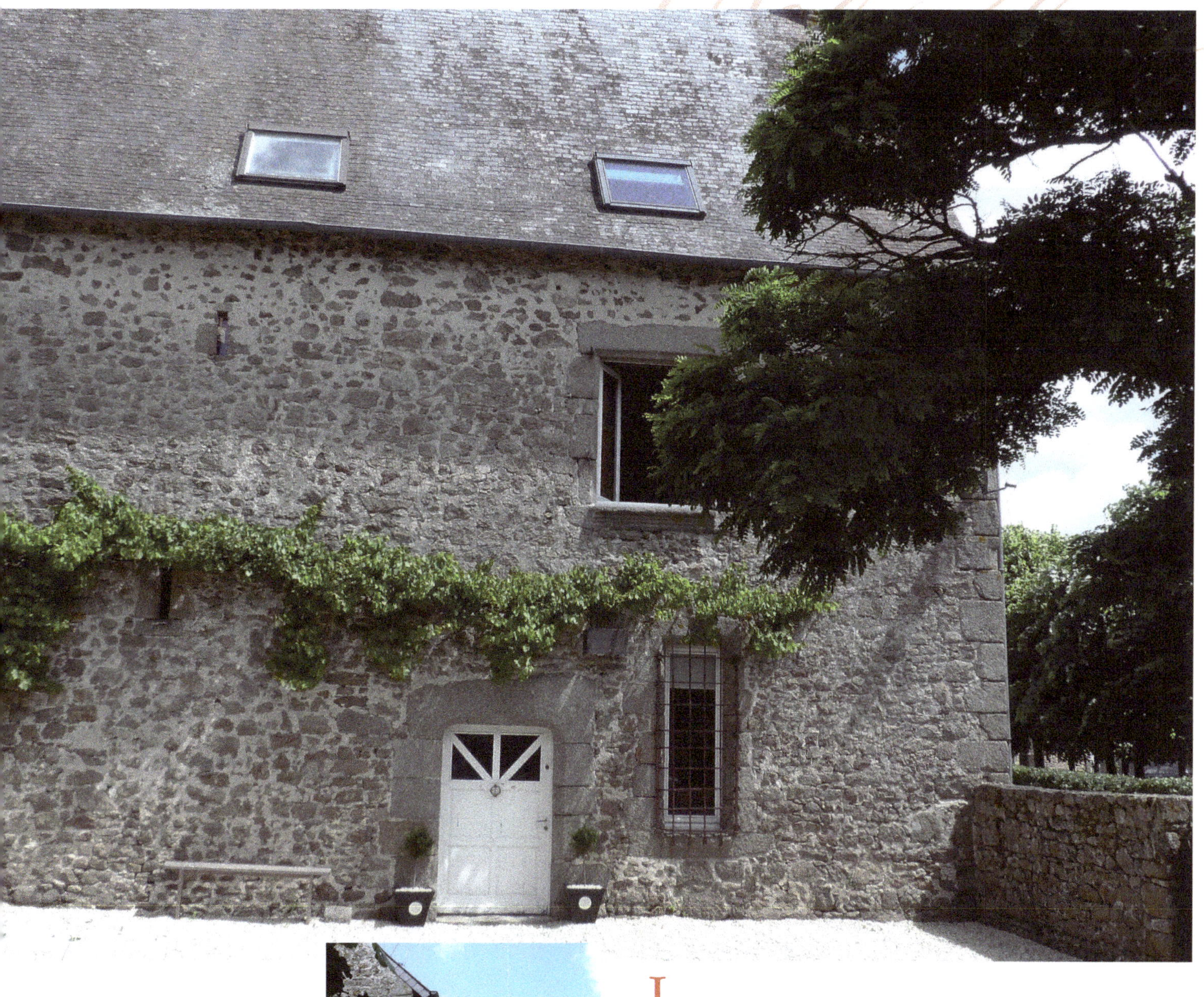

Il existe ici une farouche volonté de bannir irréversible-
ment le passé : la porte du XVe a été supprimée, et toutes les
fenêtres – même les fenêtres à meneaux – sont modernisées
par du PVC bien propre.

# Saint-Erblon
## *Le cabaret Jugé*

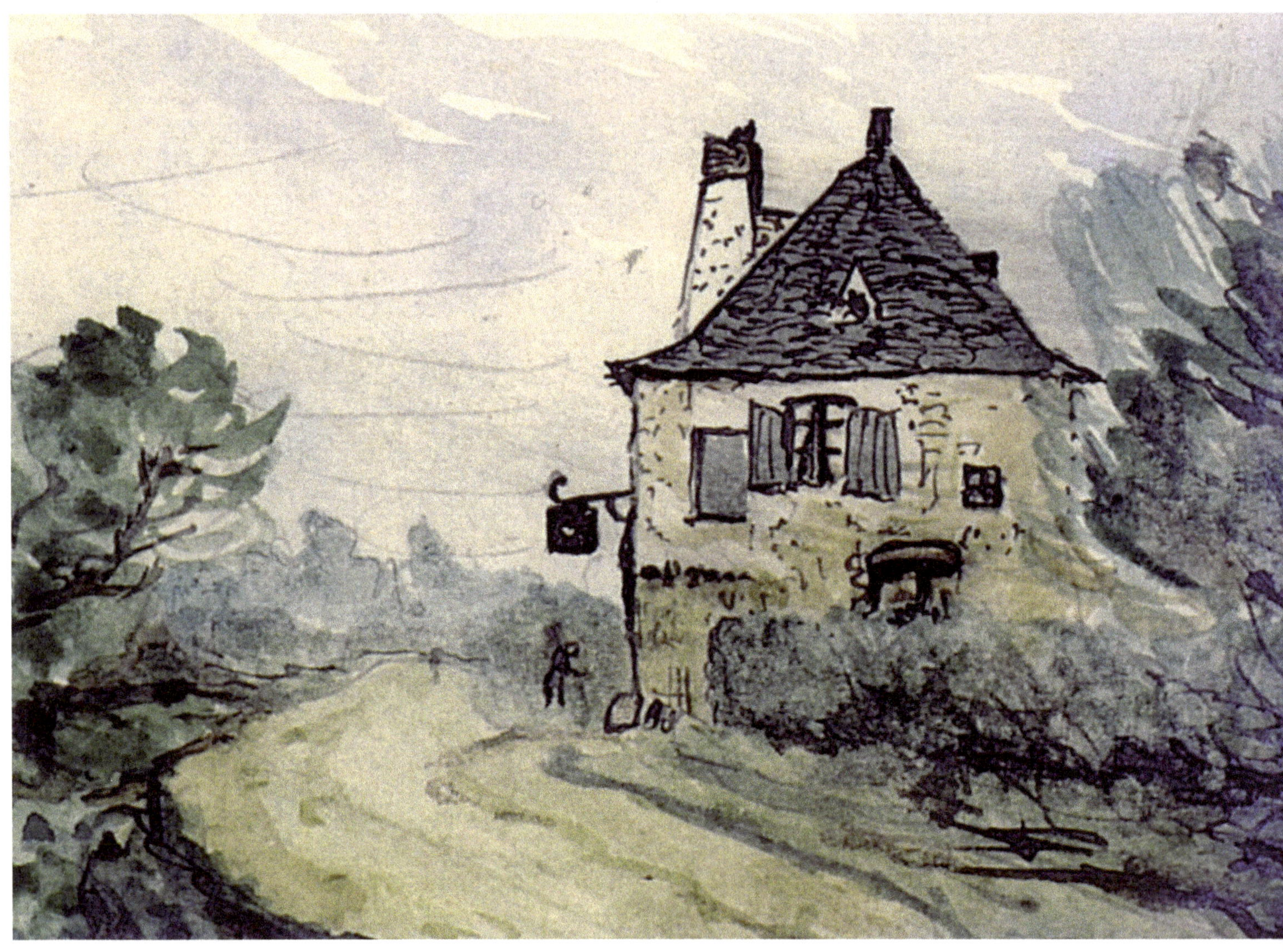

*Une auberge sur la route (telle qu'autrefois).*

*Avant que d'arriver à ce petit village d'ardoises, le voyageur rencontre le petit cabaret « Jugé » couvert d'affiches et aussi d'une énorme cheminée, avec une enseigne assez authentique. Je crois que la couleur locale y est restée, qu'il n'y manque que la diligence, la servante servant à boire aux postillons pour s'y trouver au détour en pleine Régence. C'est un type d'auberge très difficile à voir, XVII<sup>e</sup> siècle au pignon aigu et pointu.*

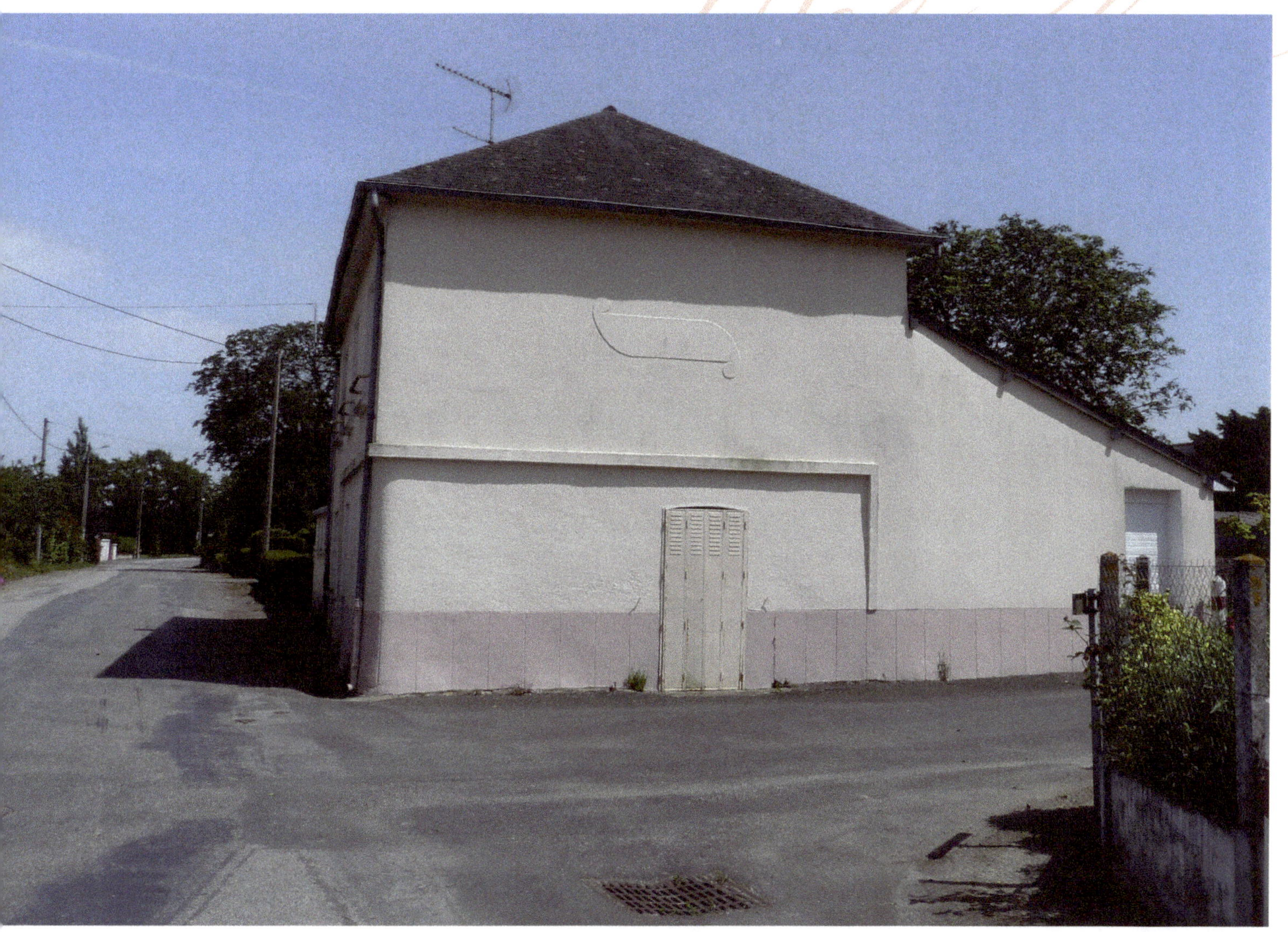

Toute image romanesque a été bannie avec la modernisation acharnée de cet ancien cabaret : son enseigne authentique et son énorme cheminée ont été supprimés. Le toit, les entrées et les fenêtres ont été modifiés. Aujourd'hui, recouvert de ciment avec un parking en béton, il est complètement abandonné.

# Changé

## *Petit manoir*

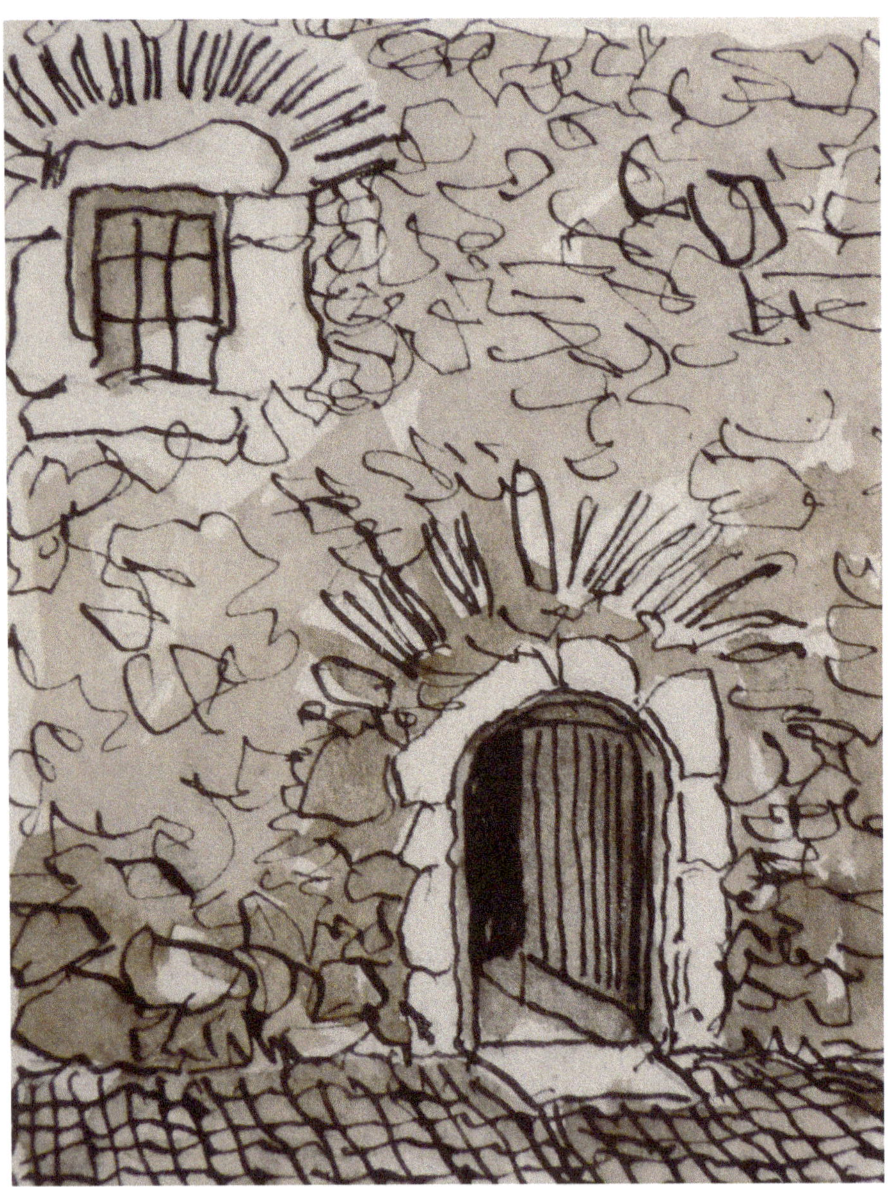

*En face du presbytère, ancien chemin du bourg primitif. À droite existe
toujours un petit manoir du XIV$^e$-XV$^e$ siècle flanqué d'une tourelle,
malheureusement encastrée dans les constructions modernes. Porte
ronde et lucarne intactes avec curieux arcs de briques de l'époque.
Escalier en bois de vis de l'époque, assez bien conservé. Au 1$^{er}$ étage et
au second, 2 paliers avec des portes du XVI$^e$ siècle, sur le modèle de cette
entrée. Si on continue en descendant ce chemin, on arrive au ruisseau
de la Jaffetière ; lavoir et vue très pittoresques sur l'ancienne physionomie
de Changé; jardinets et beaux arbres forment un coin agreste que l'on
ne soupçonne pas de la route ordinaire…*

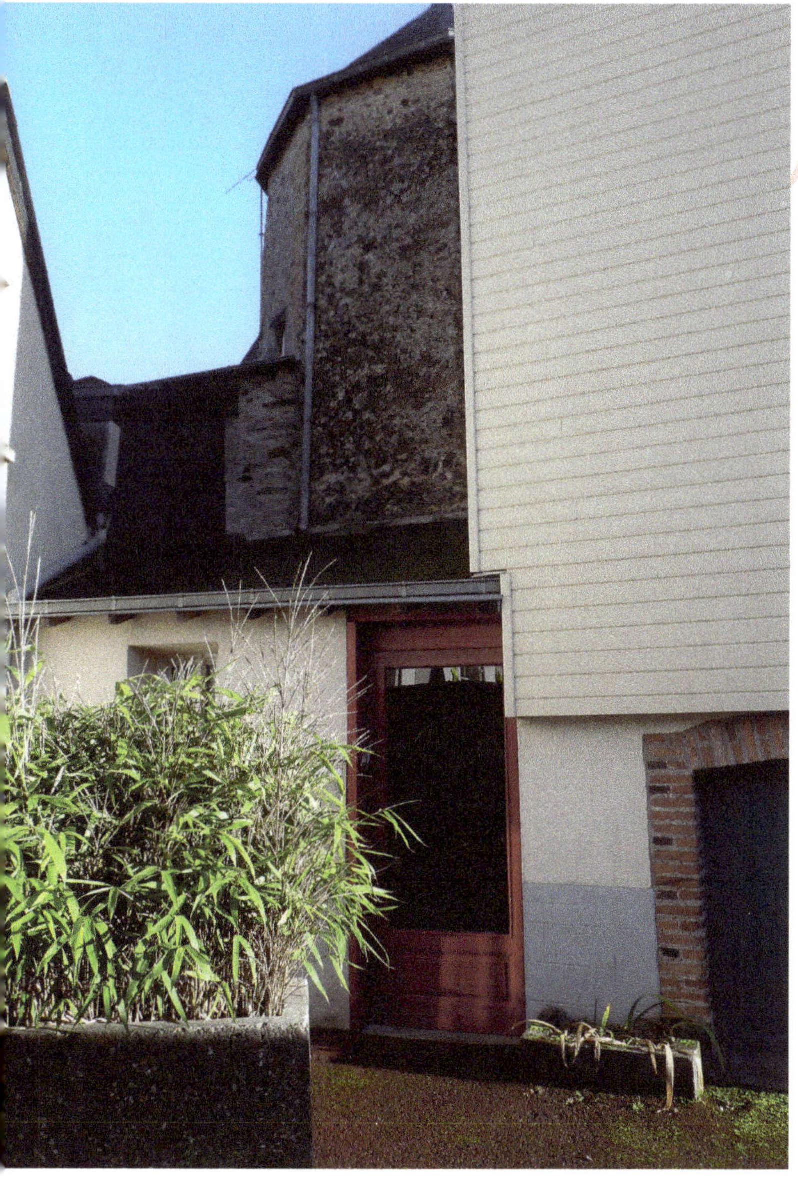
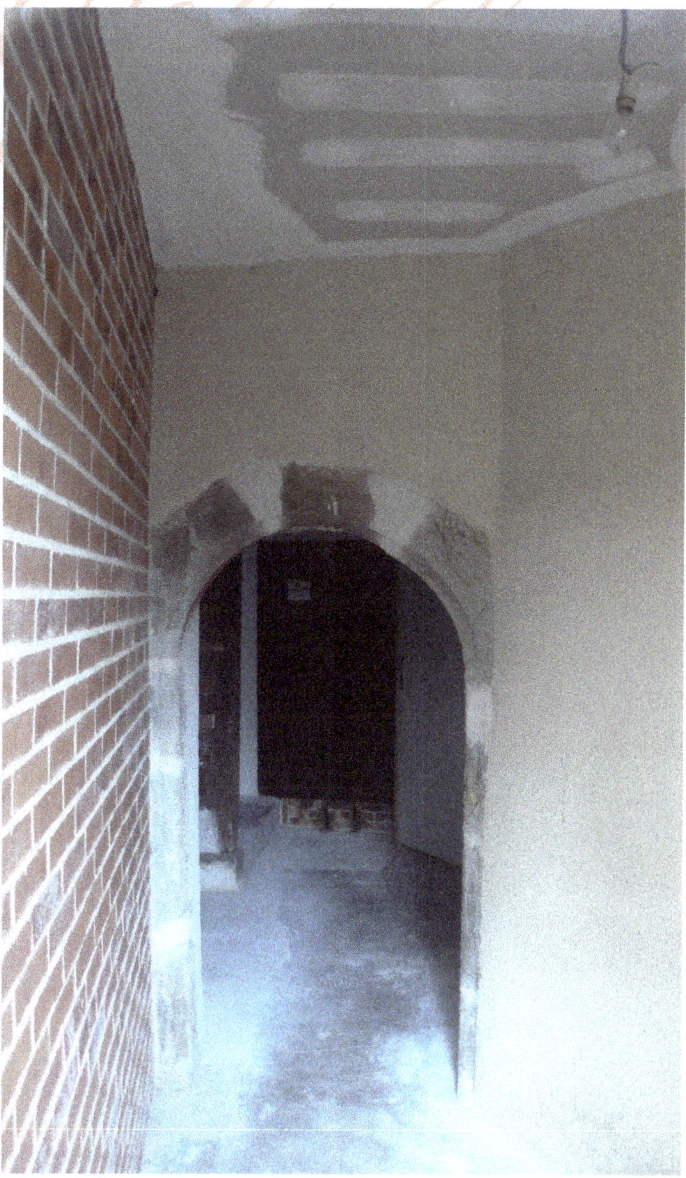

Voici les tristes restes de ce petit manoir du XIV$^e$ – XV$^e$ siècle. La tourelle existe toujours, la porte ronde aussi, mais encastrée dans du béton. Elle est aussi masquée par une porte d'entrée en PVC. Et pourquoi ce bardage « style américain colonial » sur un manoir français en pierre ? Un tel bardage en PVC détruit le caractère d'une maison et, en enfermant l'humidité dans les murs, contribue à sa dégradation.

Fabriqué à partir du pétrole, le PVC nécessite l'ajout d'une cinquantaine d'additifs chimiques pour être stable. Il est interdit en Suède et, depuis 2010, dans 150 agglomérations européennes, mais en France, grâce aux techniques de commercialisation agressive, il est omniprésent.

# Marcillé
## *Le bourg*

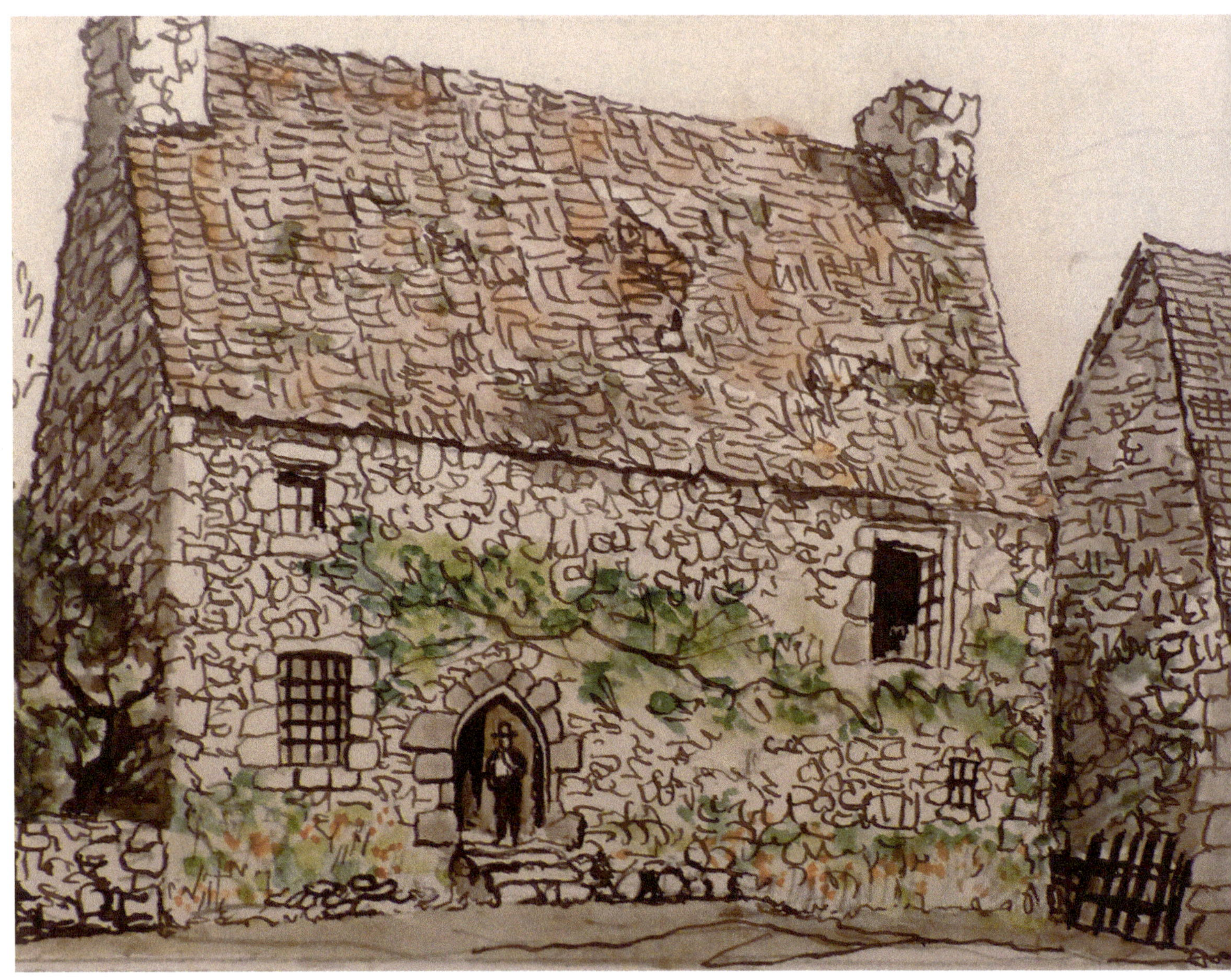

*Le bourg de Marcillé contient un certain nombre de maisons d'origine à portes rondes en granit « du temps des anglais » comme disent les habitants du pays, mais qui remontent au moins au XIVe ou XVe siècle. Celle ci-contre, sur la place de l'église est charmante, encadrée de fleurs ; c'est la plus belle demeure de Marcillé ; à l'intérieur rustique, la cheminée n'a rien de particulier. Le propriétaire va faire rejointer les pierres et cette intéressante habitation sera conservée dans son aspect primitif et vrai. Dans le bourg, cheminées de pierres, tuiles rouges, ou jaunies…*

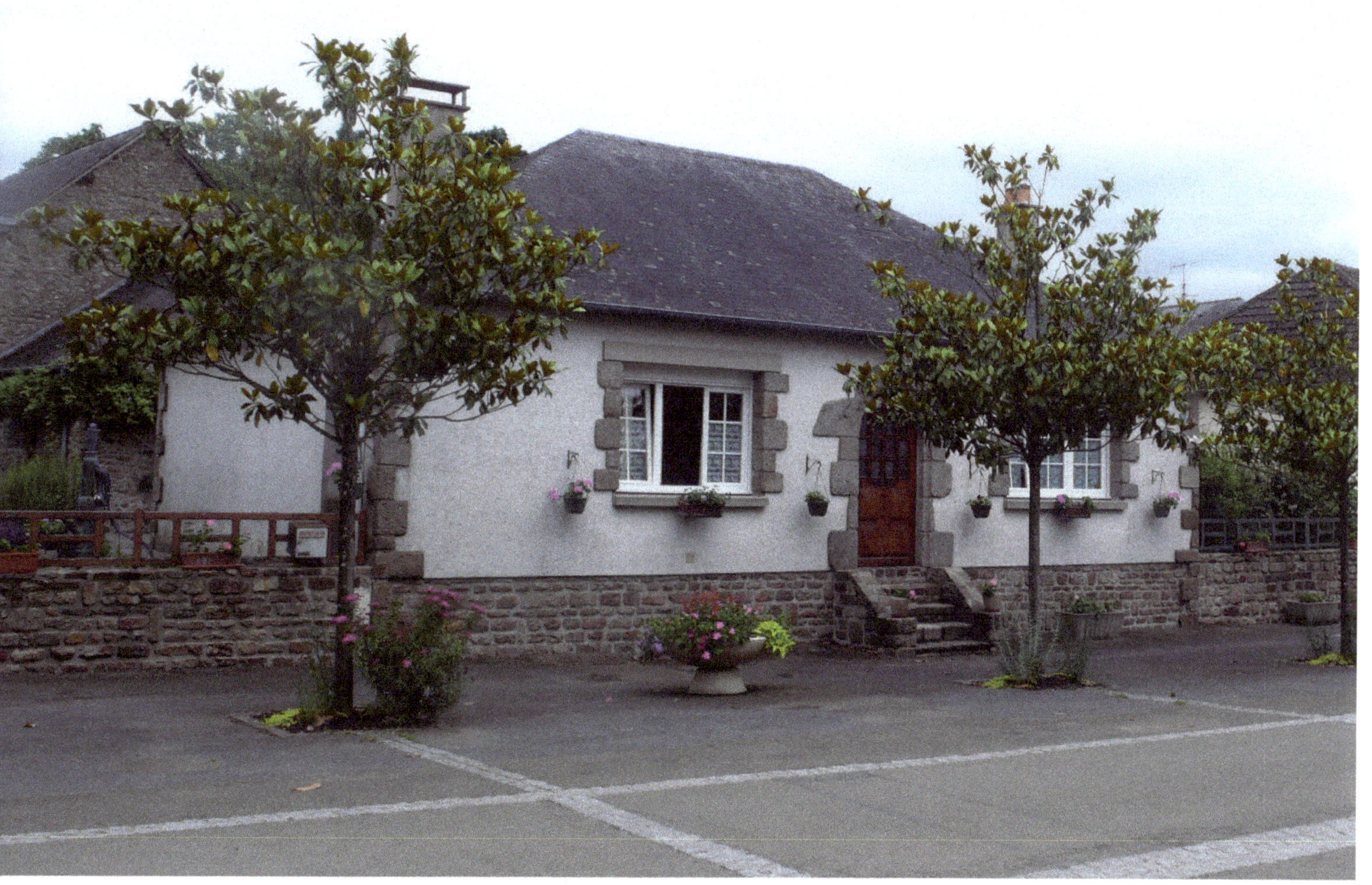

Cette maison du XIVᵉ-XVᵉ siècle, quoique désignée comme la plus charmante du village, n'a pas été épargnée. Madame le maire me désigne son emplacement car elle l'a connu quand elle était enfant et regrette beaucoup sa disparition. Fière que d'autres maisons anciennes existent toujours, elle me montre de vieilles photos d'un temps où le charme du village était indéniable. Elle vit avec son mari dans une ancienne gare où les huisseries sont d'origine (même si elles laissent passer un peu l'air quand le vent souffle), et la nouvelle tendance de tout rénover l'attriste. « C'est difficile d'expliquer l'importance de l'esthétique, surtout quand les gens veulent montrer qu'ils sont modernes. »

# Châlons-du-Maine
## *Maison des tisserands*

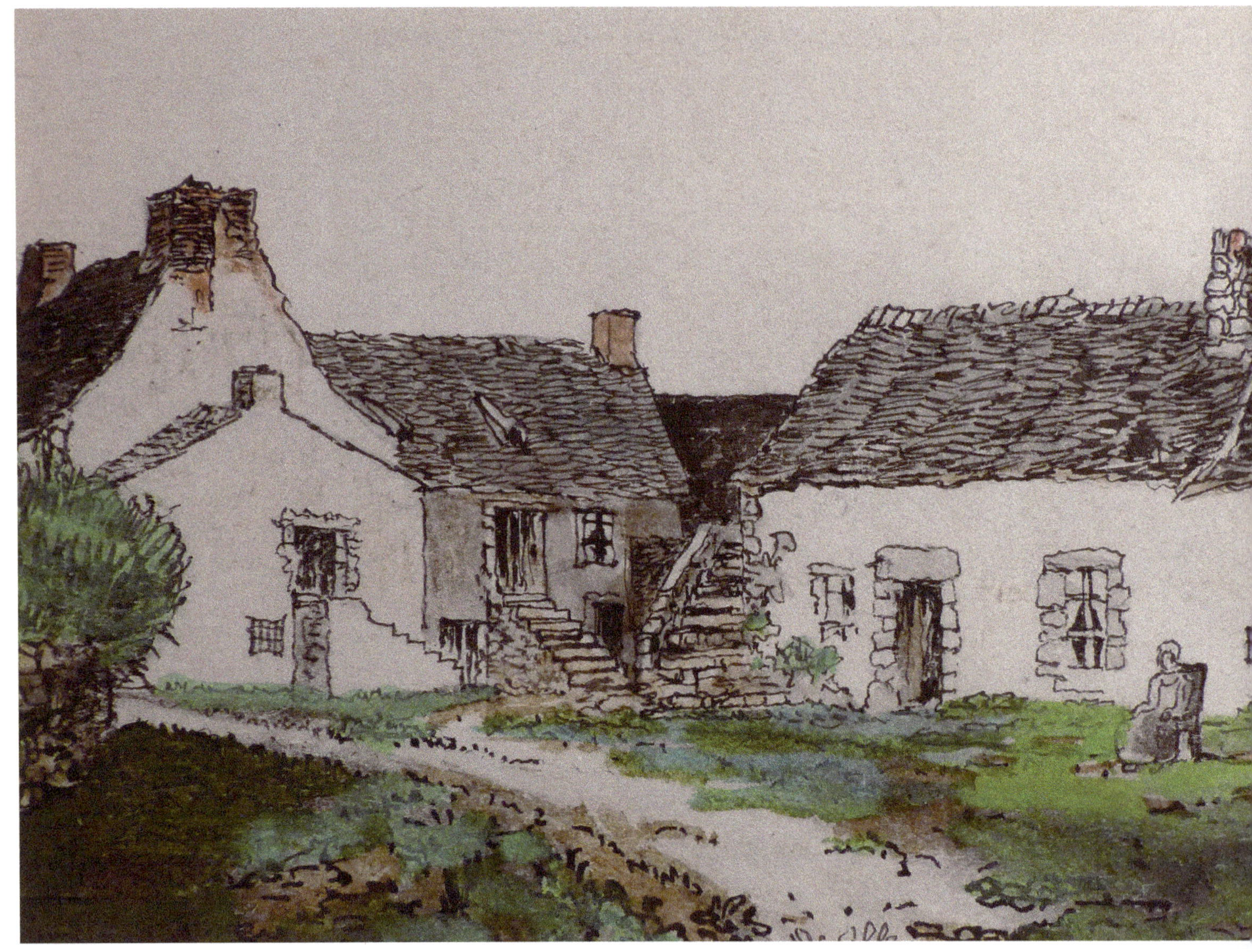

*Ce qui fait la particularité de ce village c'est que peu de ses demeures ont été restaurées.
Il y avait autrefois à Châlons, beaucoup de tisserands à la main, ce qui explique le
nombre des maisons à escaliers de pierres formant cave au rez-de-chaussée de façon à
garder à la chambre au métier une fraîcheur relative, nécessaire à la bonne confection
des coutils. La cuisine et la chambre à lit se trouvaient donc au dessus de la cave à métier.
Malheureusement la plupart de ces immeubles ont un besoin urgent de réparations,
mais pour le dessinateur, à chaque pas il y a un croquis intéressant à noter.*

*Ce dessin représente une des maisons à escalier des tisserands à la main qui habitaient
Châlons.*

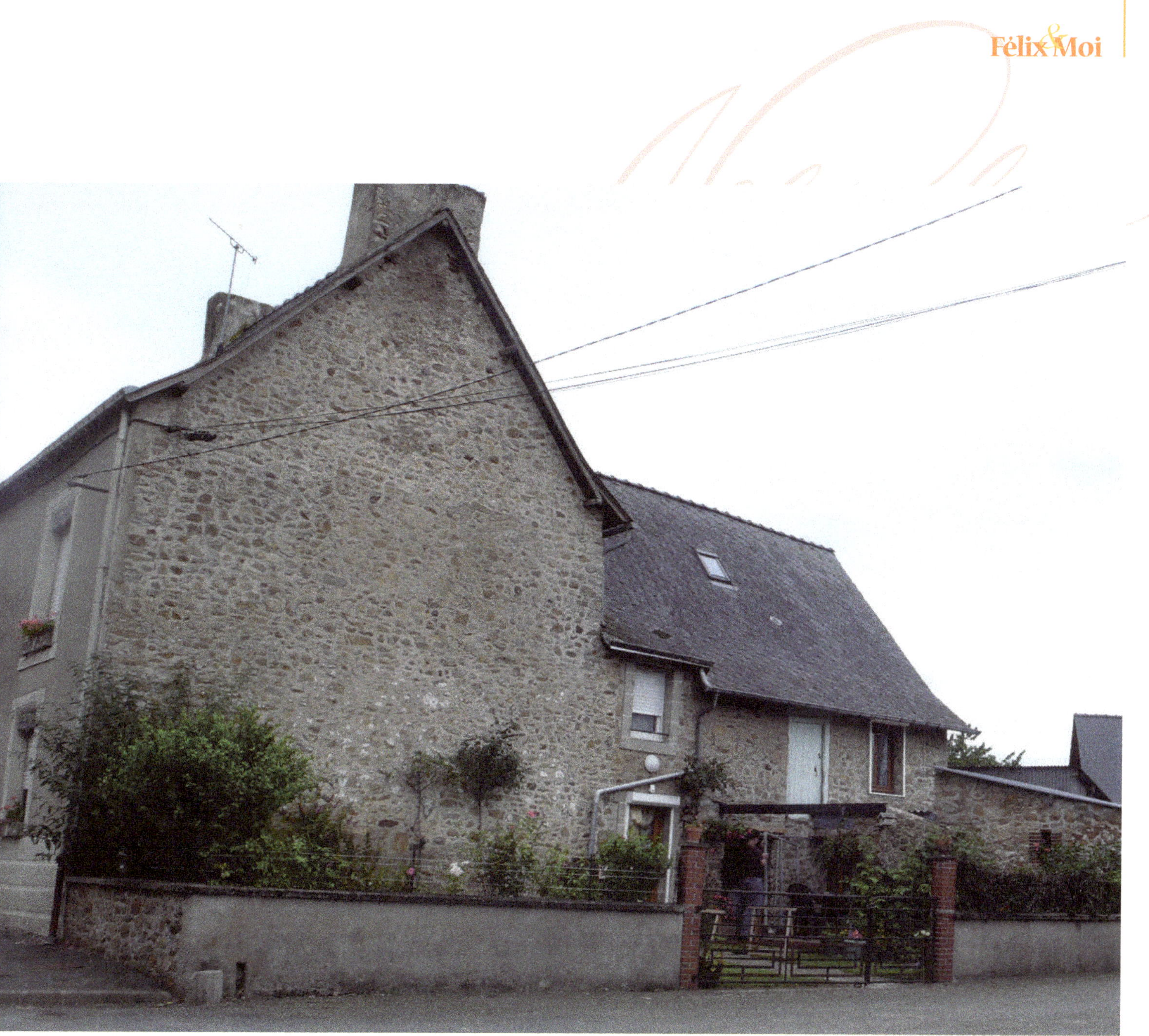

«Non, ce n'est pas ma maison ! » insiste le monsieur à qui je montre le dessin de Desille. Il refuse d'admettre que les ouvertures sont identiques – même si elles ont été modifiées – et insiste sur le fait que sa maison était, dans le temps, un grand hôtel.

En tout cas, cette conversation ne l'intéresse pas : en train de remplacer une ancienne porte par une autre, toute neuve, en PVC, il me tourne le dos avec une hostilité évidente.

# Saint-Germain-le-Fouilloux
## *Vieilles maisons*

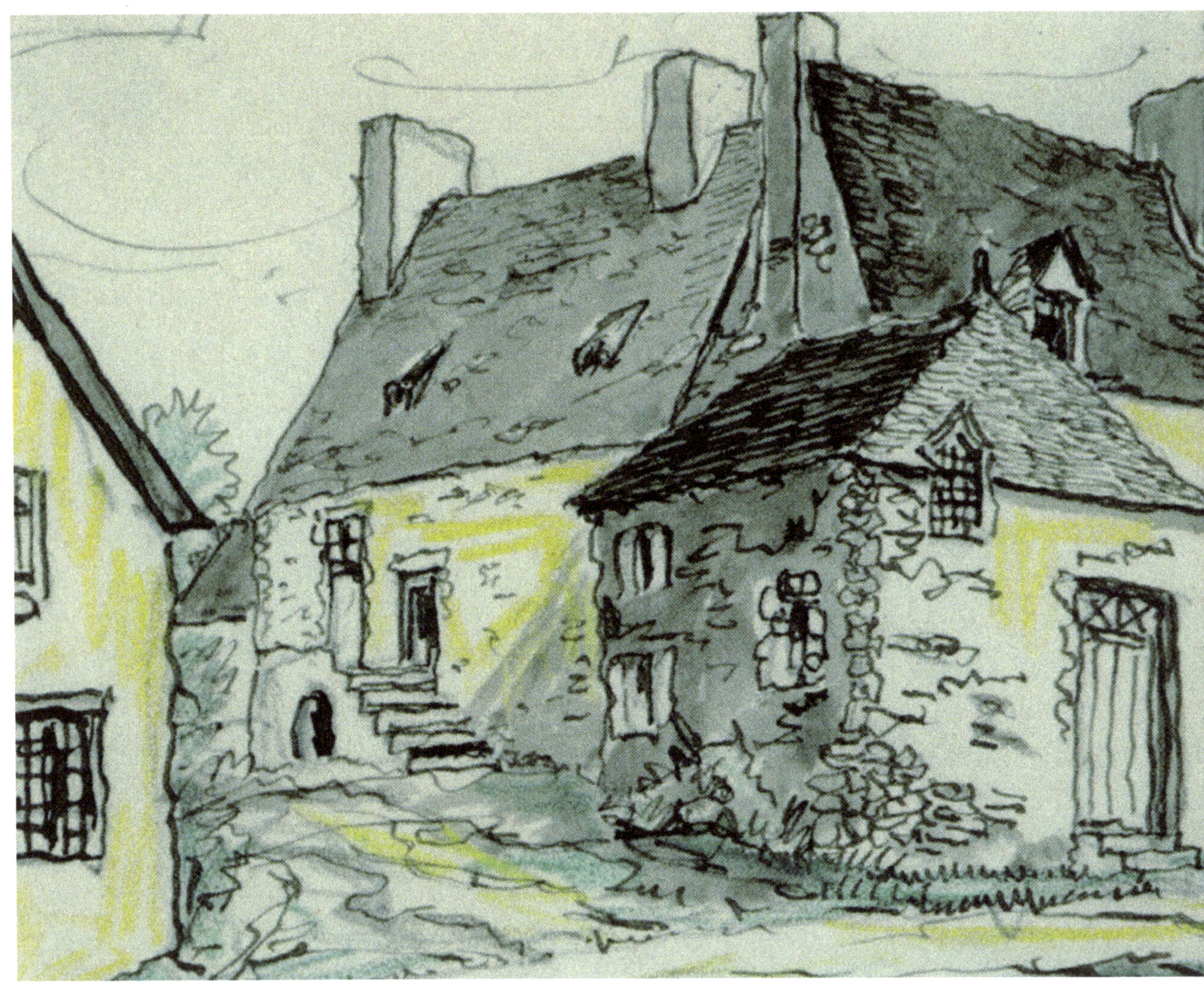

*Vieilles maisons du XVe siècle sur la place de l'église.*
*Cour assez pittoresque avec escalier de pierre et de hauts*
*pignons avec meneaux simples. (1934)*

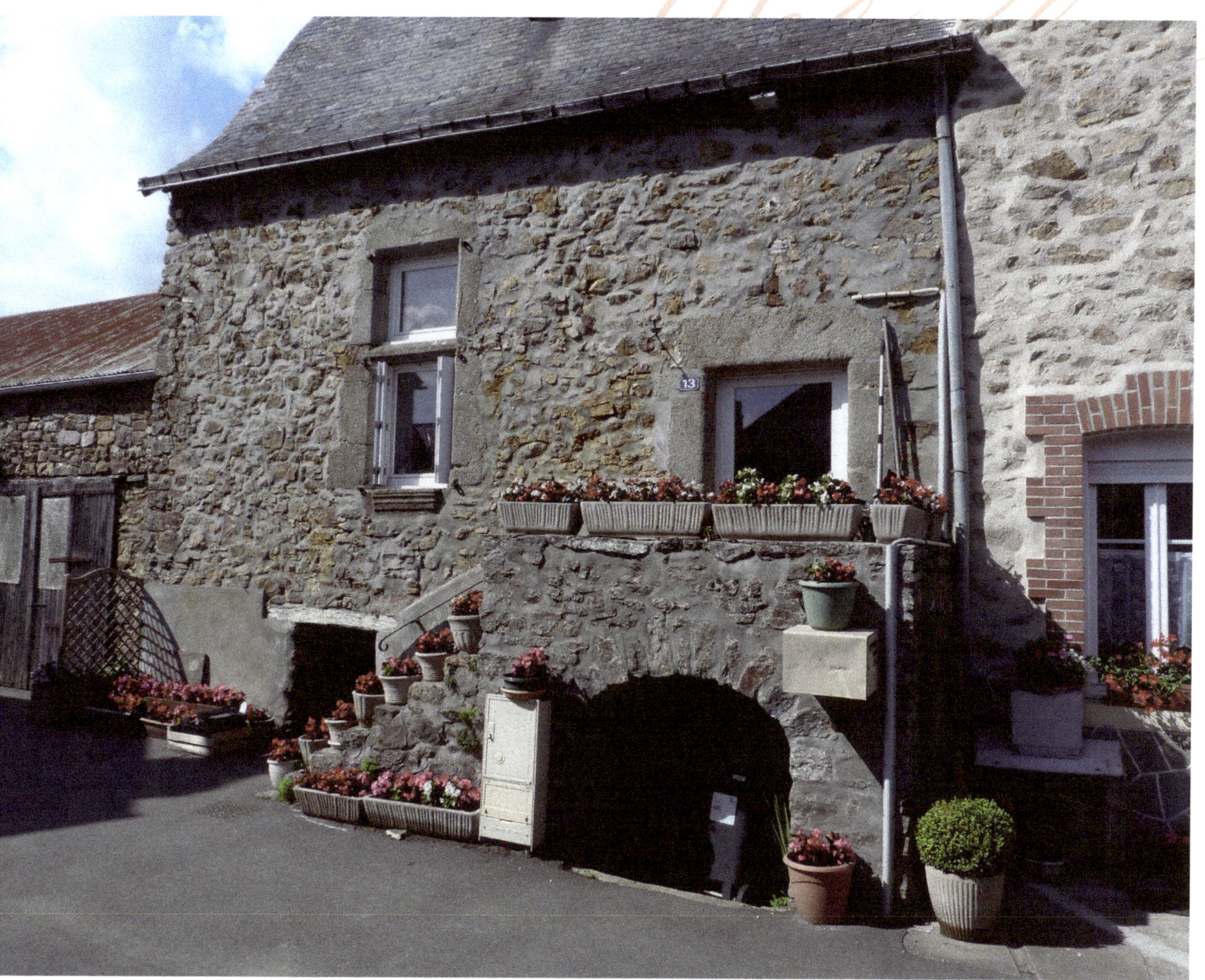

Une dame d'un certain âge me suit, reste à côté de moi pendant que je photographie la maison. Quoique bien modifiée, elle me confirme que celle-ci est bien la maison peinte par Desille. « Ils l'ont beaucoup changée, » me dit-elle à voix basse. « La maison était bien jolie avant. » Elle secoue la tête avec regret.

# Montsûrs

## *Logis*

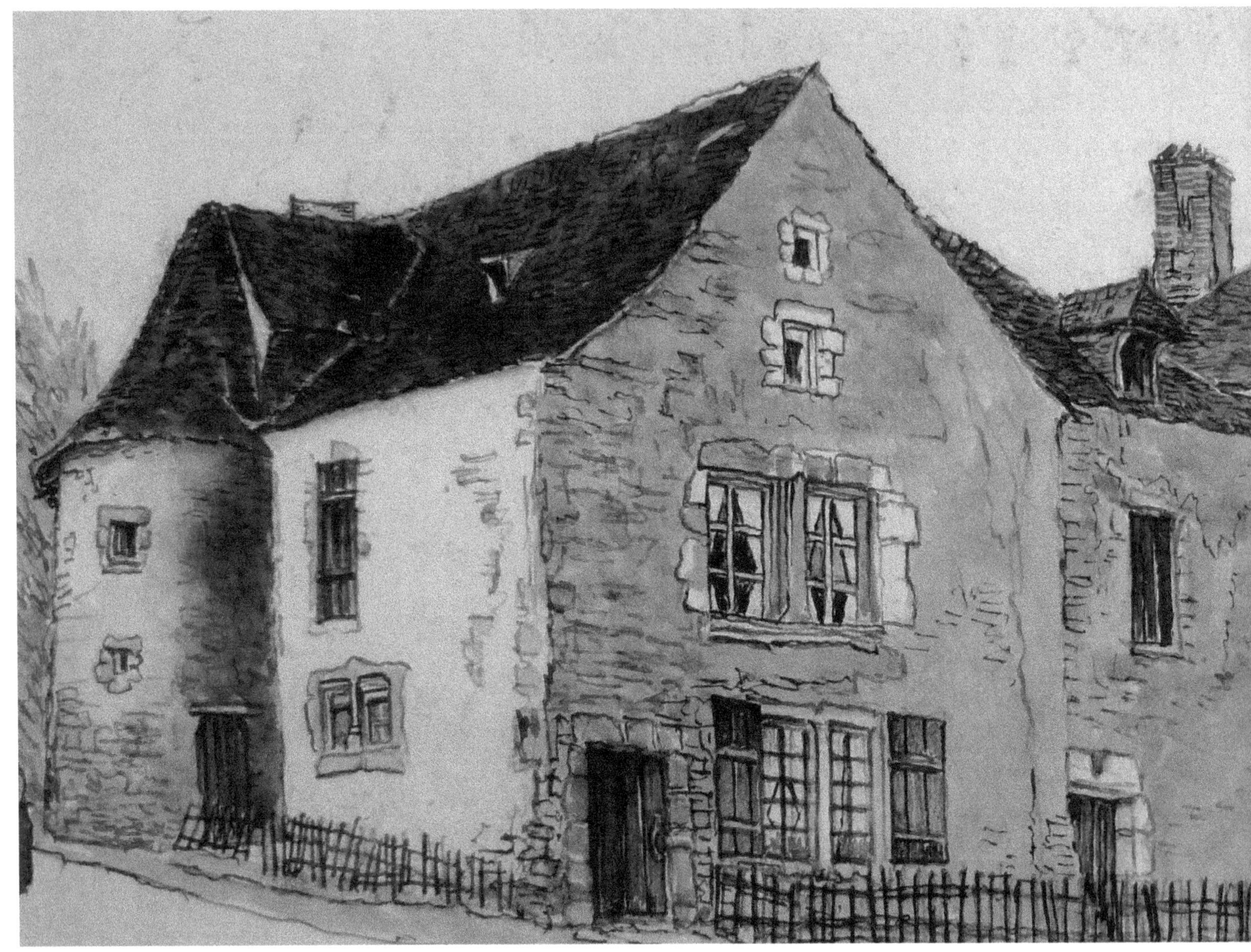

*Il ne reste comme souvenir du château de Montsûrs, que la tour ruinée nommée dans le pays, paradis aux biques, et qui se trouve aux flancs du monticule de l'église actuelle. Pauvre donjon que l'on a étagé tant bien que mal, noirci, édenté et qui sert de refuge à quelque miséreux, une fumée parfois s'échappe de son sommet provenant du foyer ancien à l'intérieur et parfois aussi les gamins en profitent pour s'amuser à uriner dans cette cavité beauté à la surface extérieure dans les lierres épais ! À deux pas, coule un ruisseau allant rejoindre la rivière et bruissant doucement dans les caniveaux riverains. C'est tout près que j'ai pris le dessin de ce logis, très curieux avec sa tourelle et son pignon de façade à caractère imposant. C'est le seul édifice remarquable de la rue principale du vieux Montsûrs et la municipalité ferait bien d'en faire une Bibliothèque pour le conserver en réparation de son château, dont les rions grandioses ont totalement disparus sous l'Empire, probablement sans raison encore pour une destruction quasi complète.*

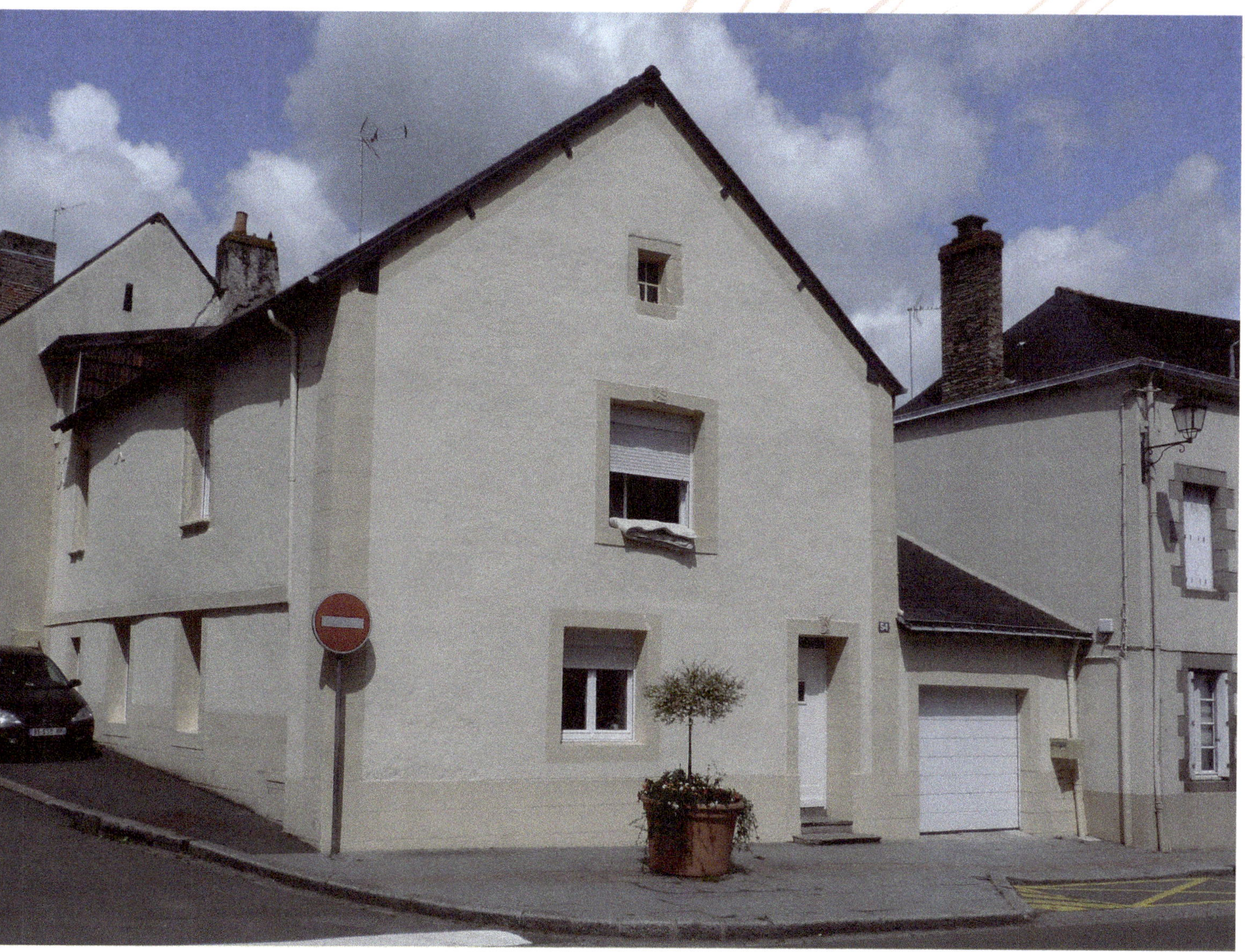

Déjà, du temps de Desille, on n'était pas tendre avec le patrimoine de Montsûrs. Ses arcades ont été démolies pour élargir la route, beaucoup de ses bâtiments de caractère ont été détruits ou modifiés pour se conformer à un nouveau style : "l'Architecture quelconque". Ce logis, signalé comme un édifice remarquable, a perdu son voisin et a gagné un garage, a vu sa tourelle transformée en un espace de stationnement et a eu son jardinet goudronné et décoré par un de ces grands pots de fleurs censés égayer nos villes. Même ses belles ouvertures ont disparues, troquées contre d'autres plus conformes.

# Arquenay

## *Maison*

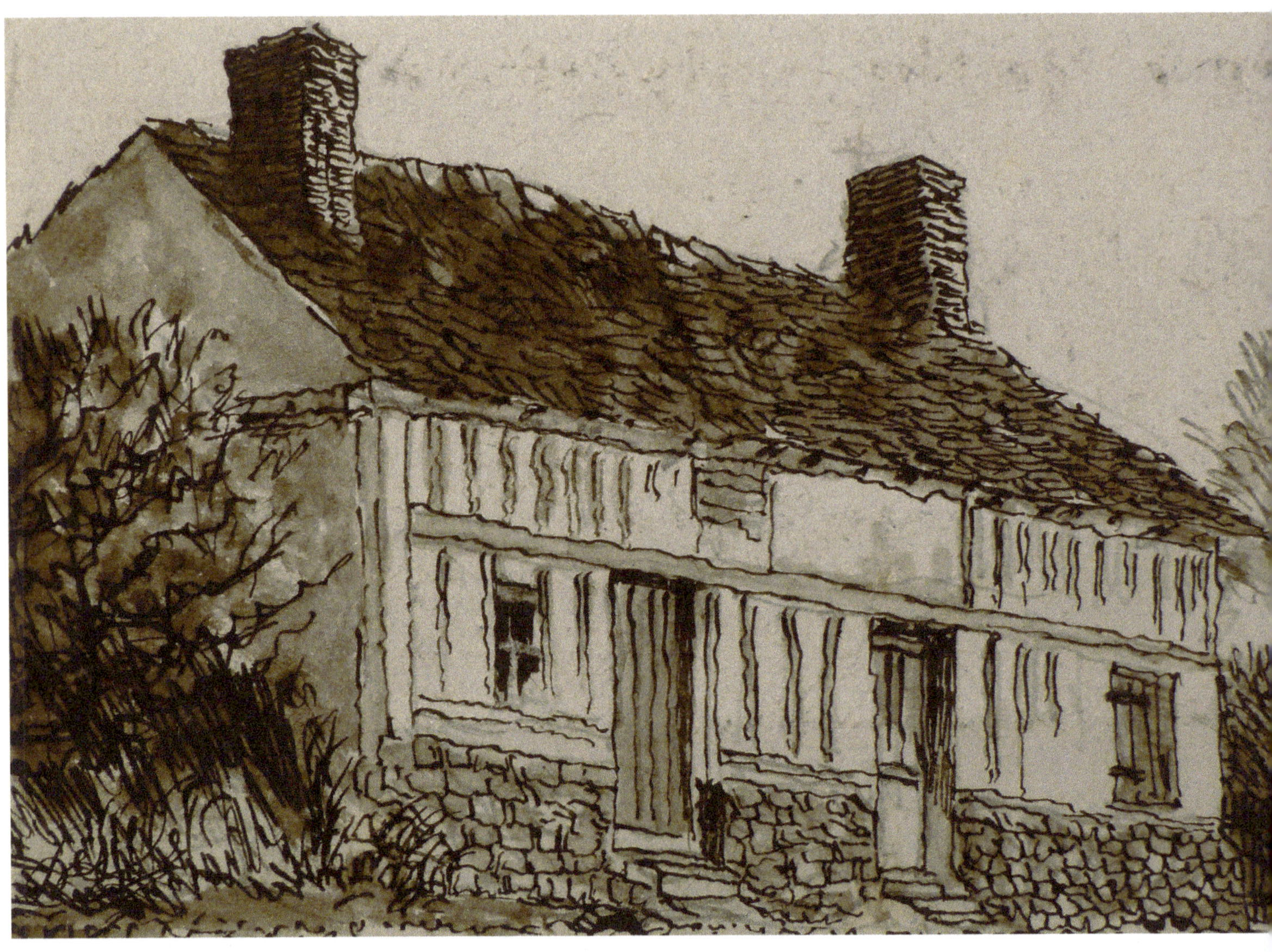

*1922*

*En venant de La Bazouges de Chemeré, à l'entrée du bourg on voit un spécimen de maison en lattes, pierres et poutrelles sur maçonnerie assez rare aujourd'hui et qui rappelle le genre  usuel de Normandie. Je donne le croquis de cette curieuse et humble habitation d'autrefois restaurée, avec ses deux portes semblables ; c'est la chaumière campagnarde qui peut remonter peut-être au XVI$^e$ siècle ou XV$^e$ par ses deux cheminées de pignons. Plus loin sur la place de l'église, presqu'en face du bureau de tabac actuel existe une loge à lattis noyés dans le mortier comme la maison ci-dessus et remontant également à un âge… avancé*
*du XV$^e$. Sur la même route, on longe un édifice du XV$^e$ siècle actuellement à l'usage d'école ou d'hospice.*
*Des motifs en granite sculpté ornent la fenêtre et la porte d'entrée, logis très intéressant.*

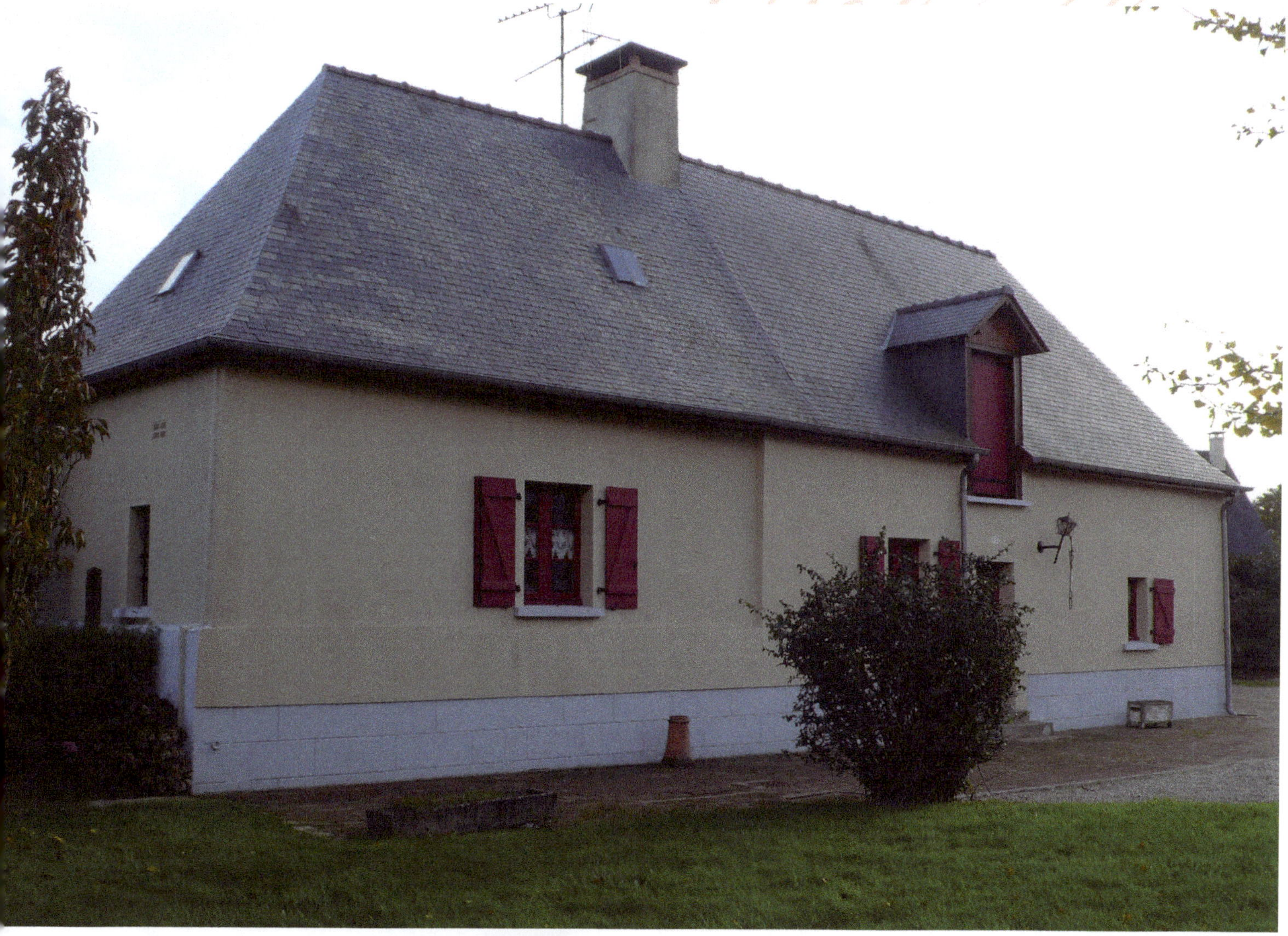

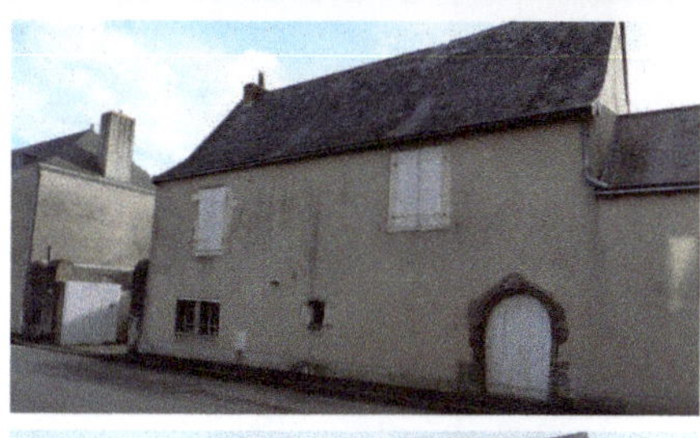

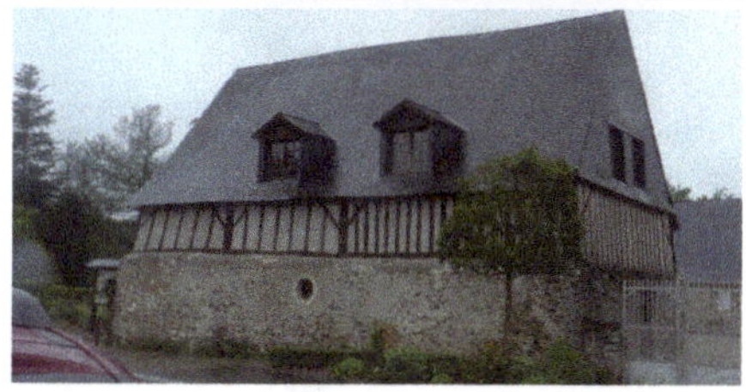

**J'**ai visité et revisité Arquenay sans y trouver la moindre trace de cette chaumière du XV$^e$ en lattes, pierres et poutrelles. Même à la mairie, on me dit qu'elle n'existe plus. Pourquoi insister ? Desille a décrit deux autres maisons dans ce village – une deuxième loge à lattis qui est toujours en place et cet hospice du XV$^e$ avec motifs en granit sculpté (aujourd'hui noyé dans une épaisse couche de ciment). Je devrais être satisfaite. Mais quelque chose me pousse à chercher encore. Je reviens donc à l'entrée du bourg et… Euréka !

# Saint-Ouën-des-Toits

## *Maison*

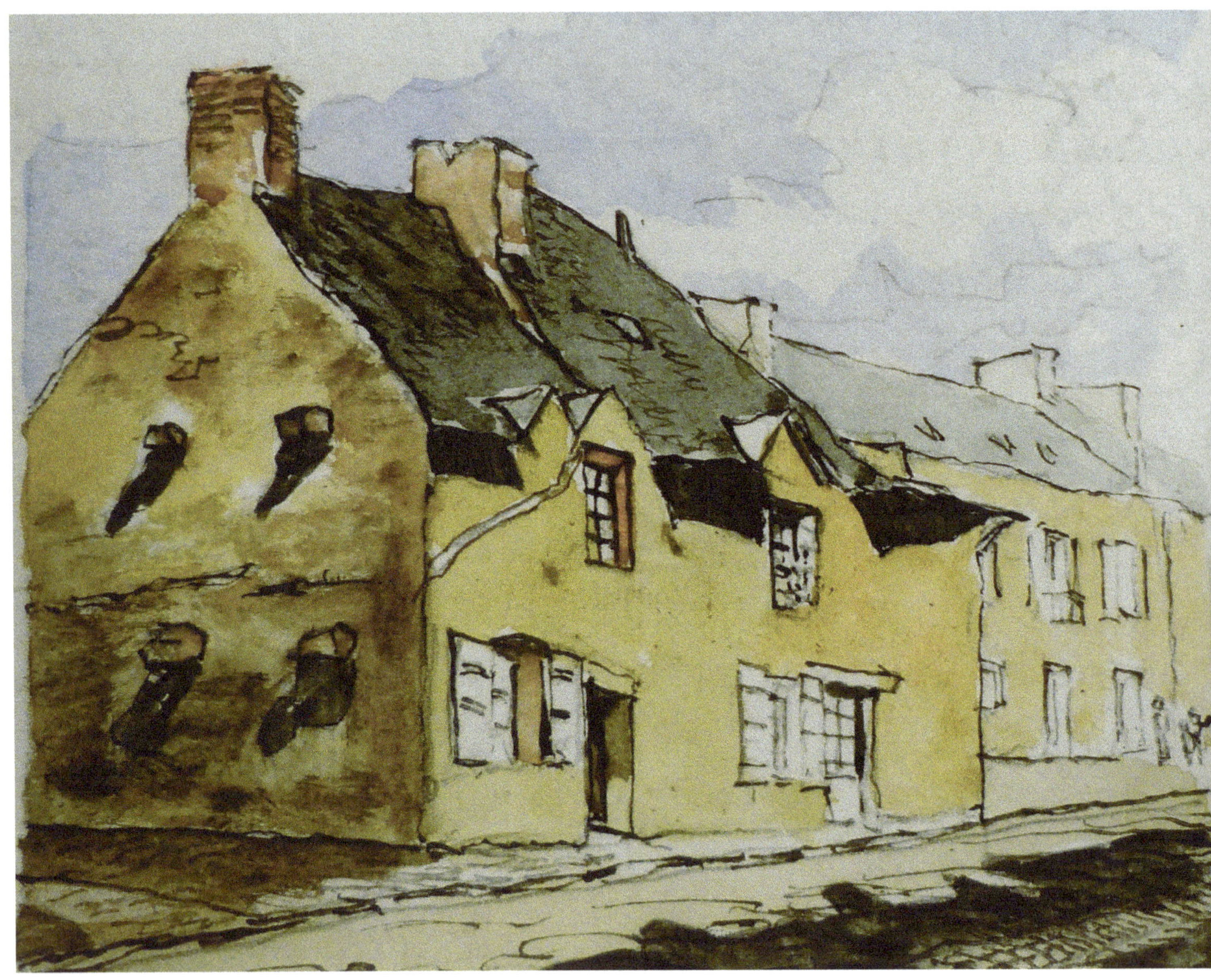

*Une maison très vieille avec son pignon du XVe siècle,
sur la venelle donnant autrefois sur le château et l'étang.
Ses lucarnes sont assez curieuses ; la façade est sur
l'alignement de la route.*

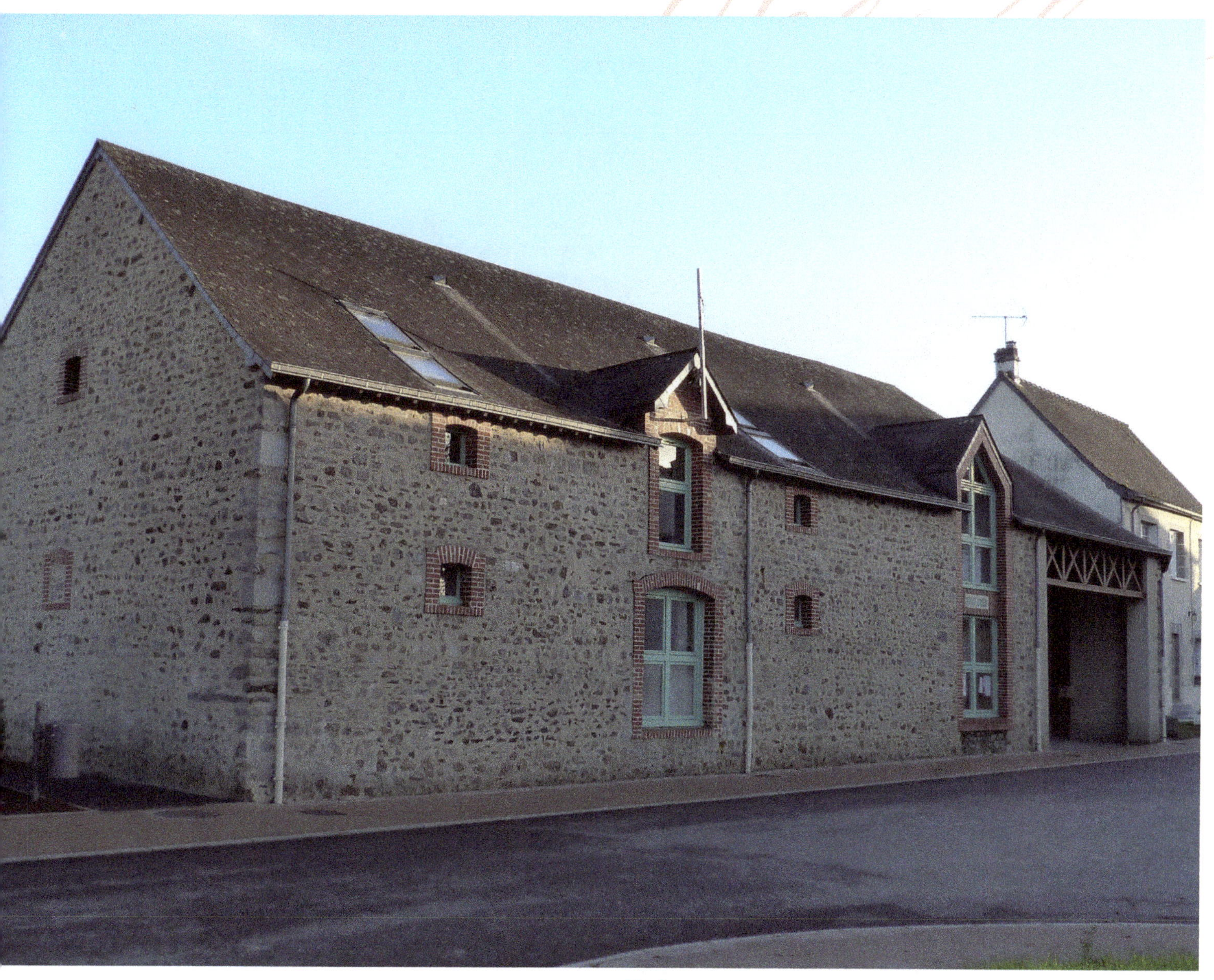



C'est par ses lucarnes et ses pignons, autrefois intéressants, qu'on peut la reconnaître. Curieuse, je regarde par les grandes fenêtres (car la porte est fermée à clé) et je ne vois que des couloirs en ciment, le carrelage industriel, le PVC…

# Bonchamp-lès-Laval
## *Une maison*

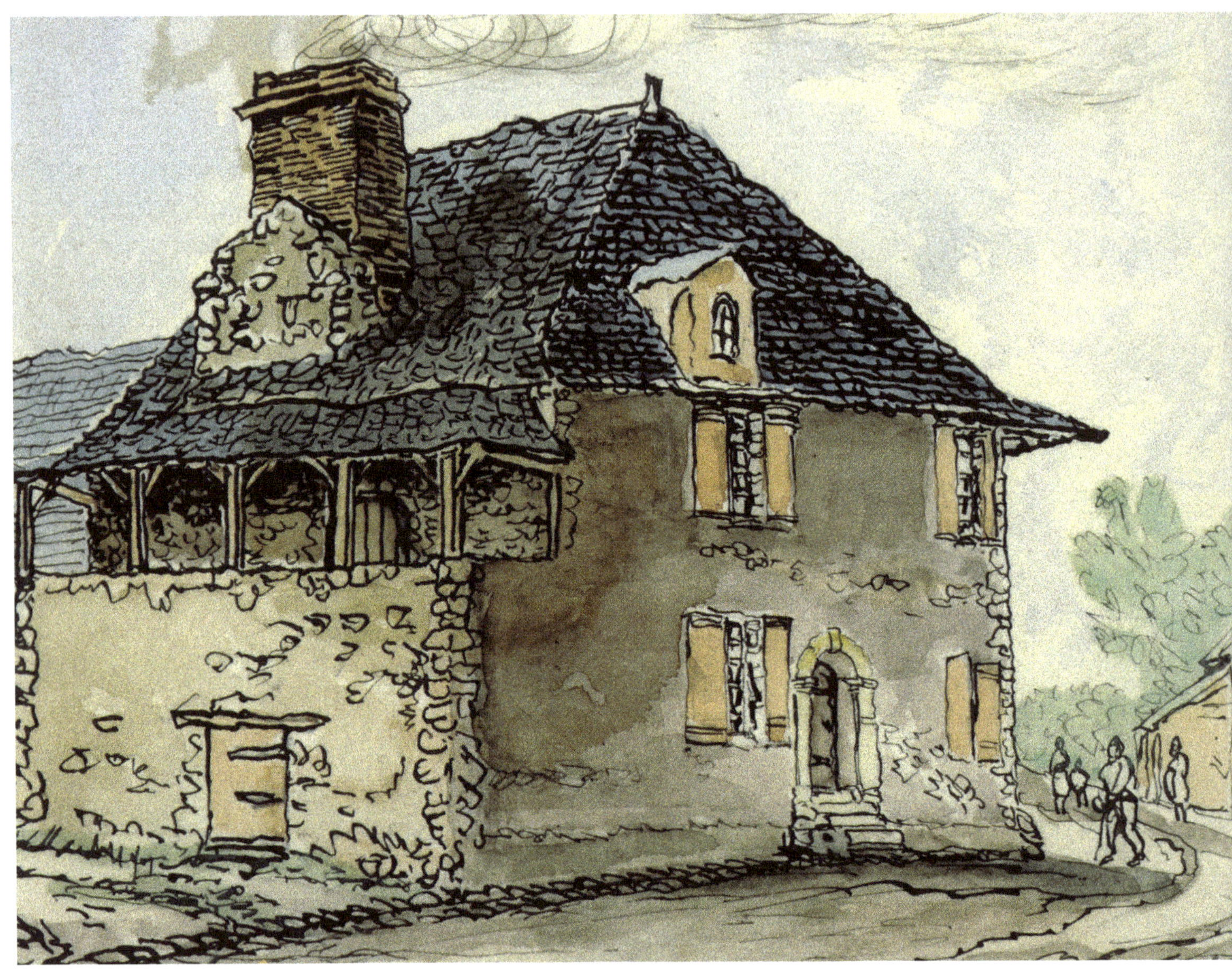

La maison se trouve en haut du bourg. Au premier étage,
elle est flanquée au sud d'un auvent spacieux en charpente
avec corbelets, qui en fait une originalité remarquable.
Devant la cheminée de briques, pignon primitif de pierres,
qui indiquerait que cet auvent peut être du XVIe siecle.
C'est un tès beau spécimen de la maison villageoise du
XVIe ou XVe siècle. La porte d'entrée à l'ouest est de plein
cintre de grès roux avec marches en pierre ; la lucarne de
briques est de style XVIe, comme on en trouve beaucoup à
Laval, rue du hameau, etc.

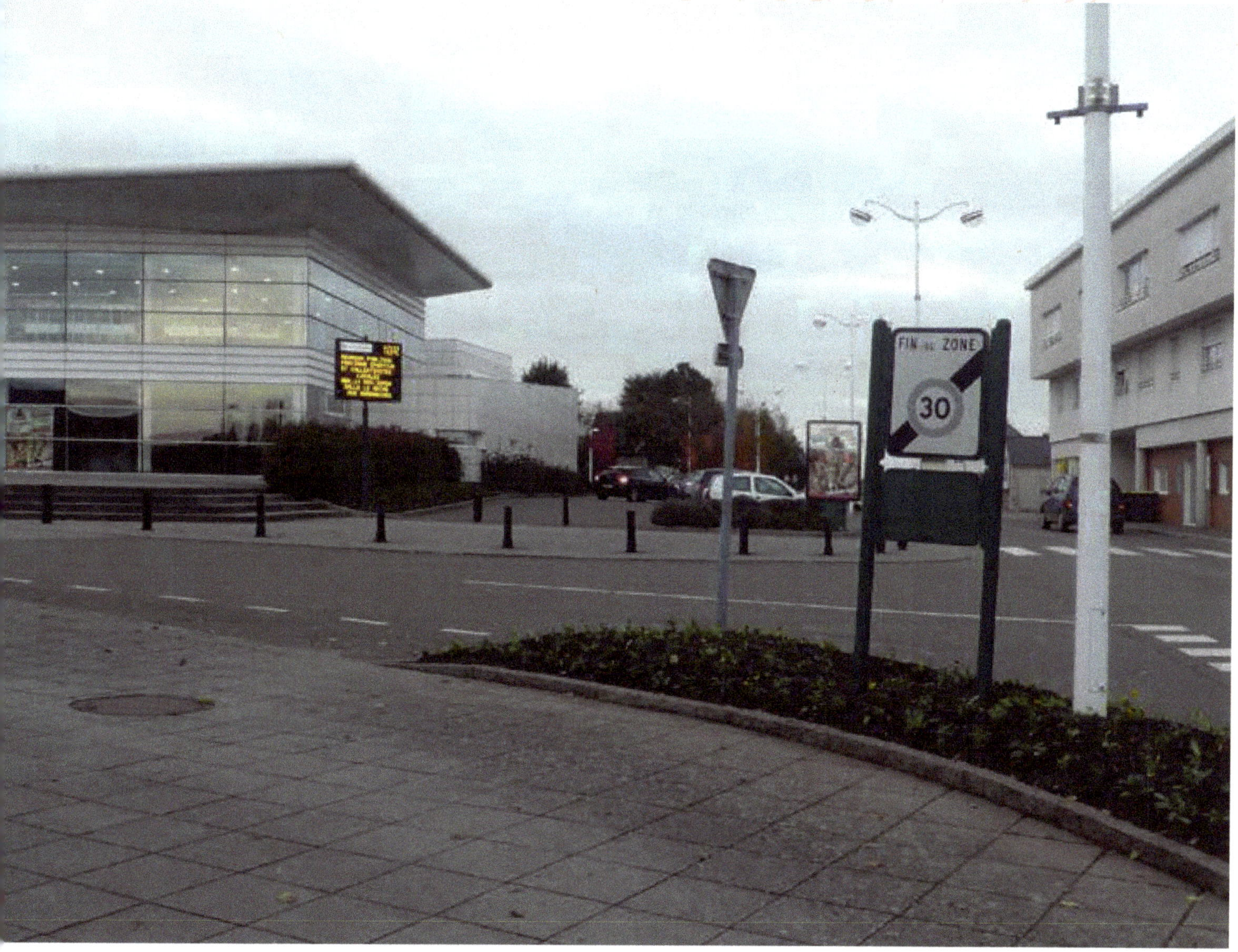

Dans son ambition d'être la banlieue moderne de Laval, Bonchamp a vu, depuis une vingtaine d'années, la démolition de ses bâtiments les plus beaux, les plus historiques – et cela, malgré leur classement. Pour compenser, à la mairie on vend des cartes postales avec des images peintes d'une vie bucolique parmi les beaux édifices d'autrefois.

Jill Culiner

# Félix & Moi

# Les derniers survivants
## *Les lieux à préserver*

# Saint-Georges-Buttavent

## *Vieille ferme route de Fontaine-Daniel*

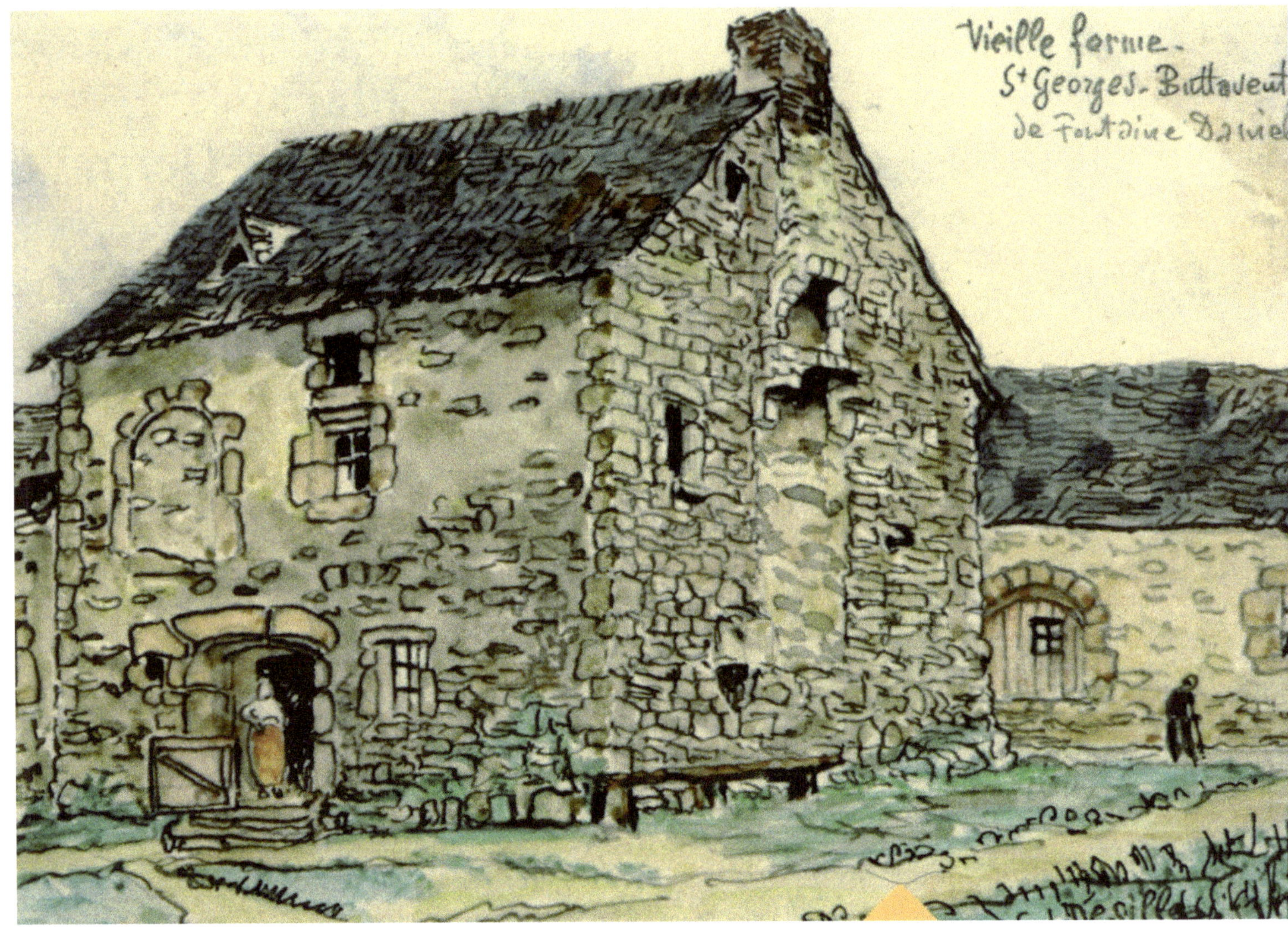


*À 1 Km de St. Georges, Carrefour très pittoresque – ferme du XIV*
*siècle, à meneaux, sans doute coupé au XIX* pour l'élargissement*
*ou la réfection du chemin de Fontaine Daniel – à côté, trois*
*ou quatre demeures en granit rappellent les habitations*
*bretonnes, avec portes cintrées, grillages et ferrages qui forment*
*un ensemble très curieux et que je signale au touriste, comme*
*très rare, d'après un dessin ci-dessus.*

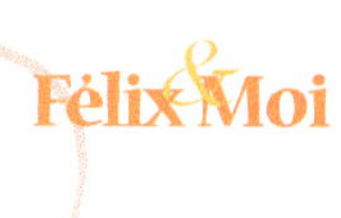

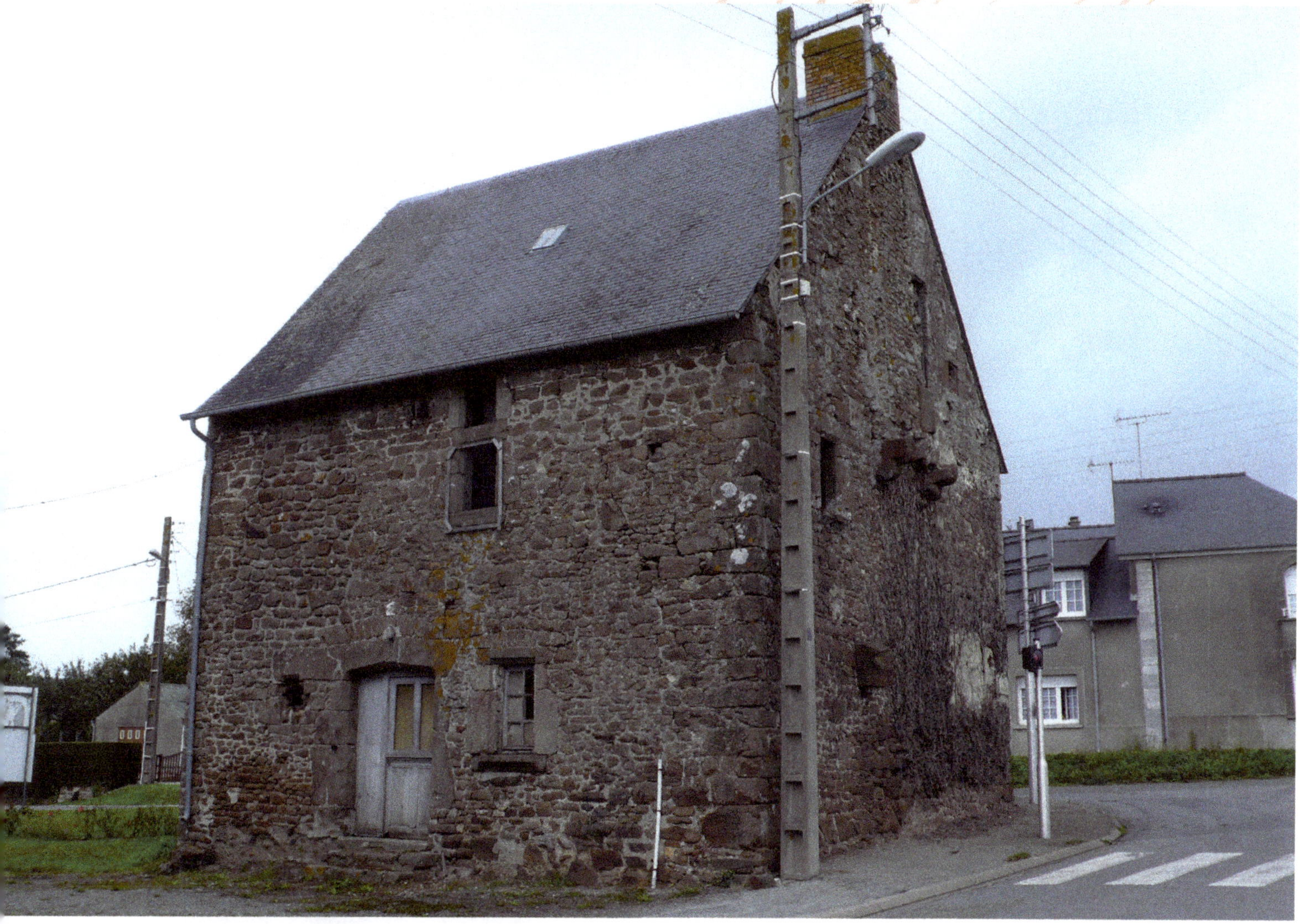

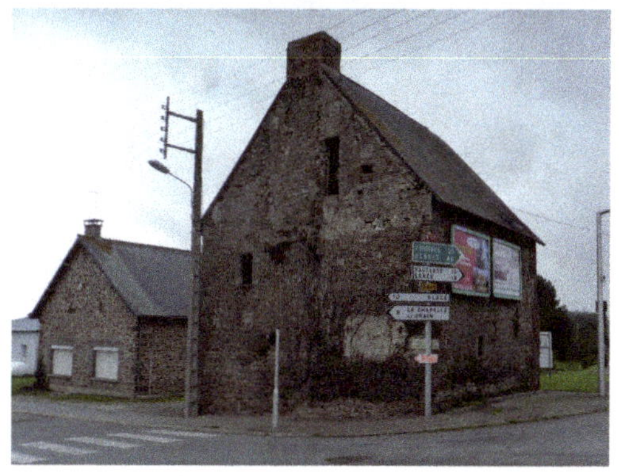

Elle est toujours là, cette vieille ferme. Quel âge a-t-elle ? Desille ne nous laisse aucune note. Évidemment beaucoup plus importante autrefois - je vois toujours la trace des cheminées - peut-être était-ce un manoir ? Il y a toujours de beaux restes, de l'élégance, de la beauté, et la solidité de murs qui ont assuré son existence jusqu'à aujourd'hui. Mais négligée, abandonnée, défigurée par ce poteau électrique sur un coté, par de vulgaires panneaux publicitaires sur son dos, elle n'attire plus aucun regard, échappe à l'admiration.

# Saint-Loup-du-Dorat
## *Auberge*

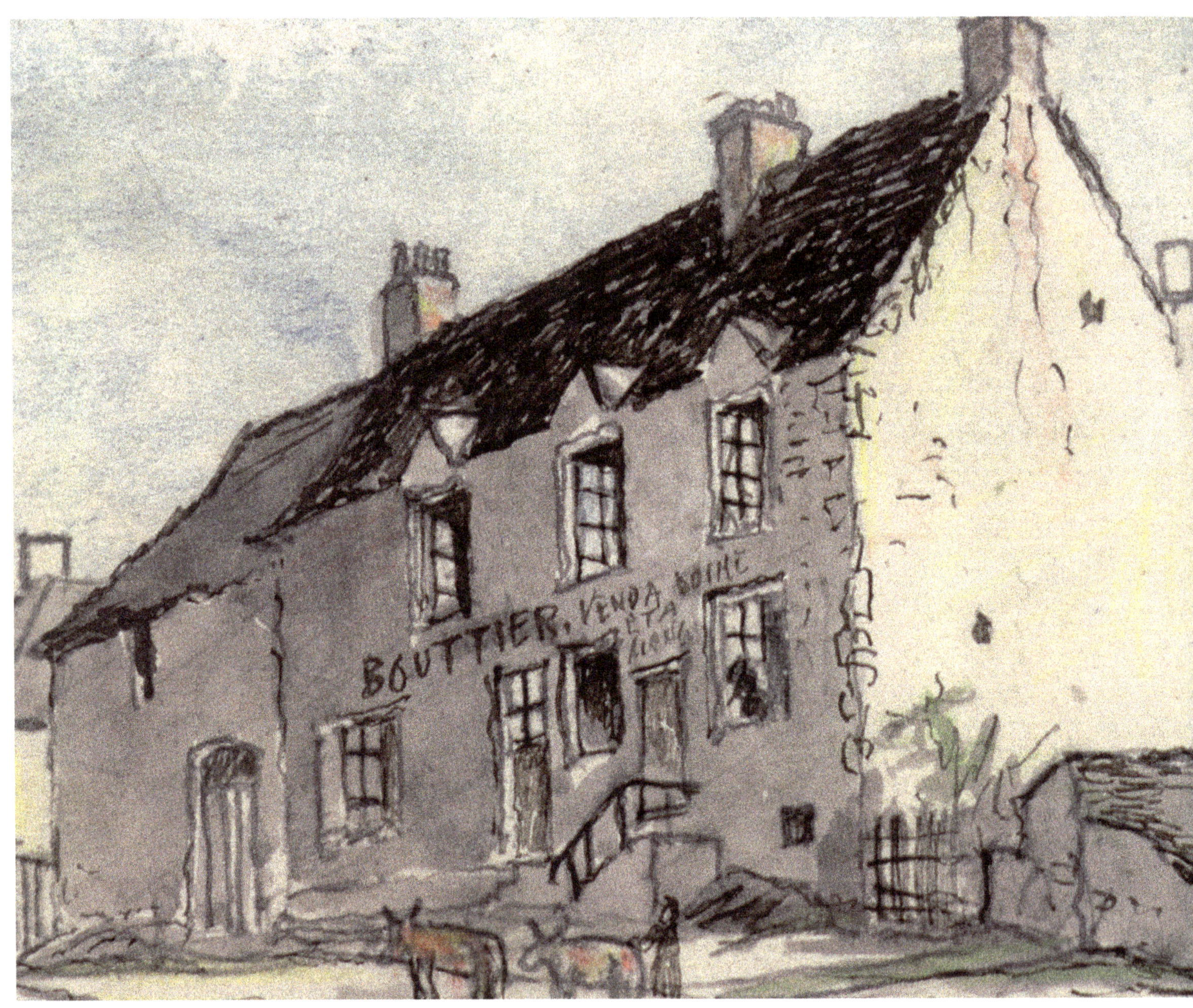


*Hôtel bouttier, pouvant remonter au XVe siècle et remanié au
XVIIIe siècle ; à l'intérieur, cheminée trapue, à côté soupente,
alcôve contenant le lit. Perron accédant au rez-de-chaussée,
la route étant d'une déclivité assez grande.*

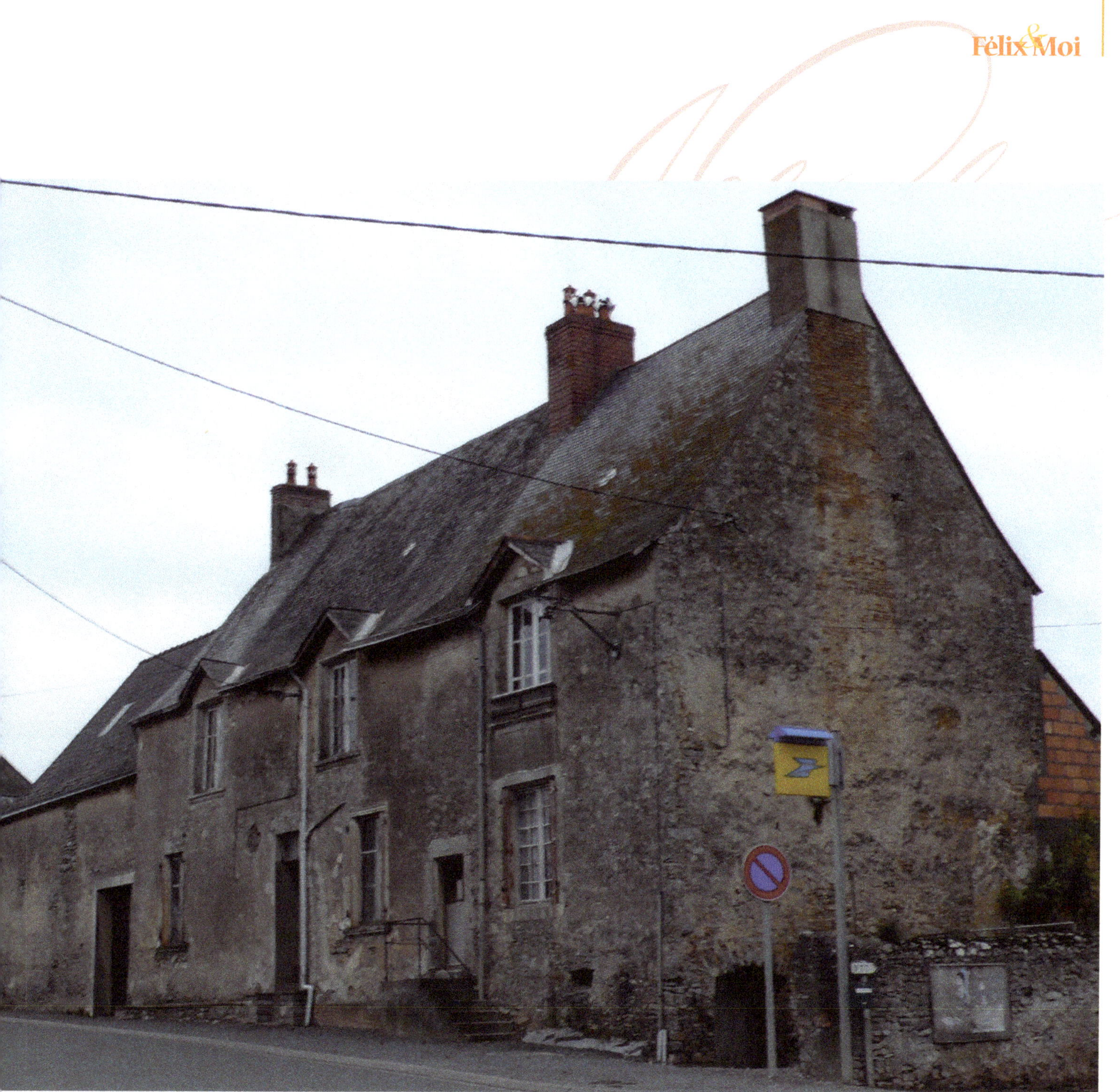

«Ça va disparaître,» dit l'homme qui me regarde en train de photographier cette maison qui, malgré le temps, a résisté la destruction.

«Mais c'est un bâtiment magnifique,» je réponds. «C'est aussi une partie de l'histoire du village. Il faut tout faire pour le préserver.»

L'homme ricane et continue son chemin.

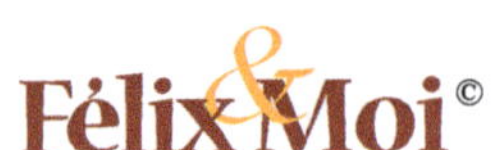

**Félix & Moi**©

*Ce livret est édité par l'association de la Boule d'Or*
*Textes et photos actuelles de Jill Culiner*
www.jill-culiner.com
*Graphisme et mise en page de Bernard Tisserand*
www.bernard-tisserand.fr

ISBN 978-2-9557562-0-1
Dépôt légal : Juin 2016